As Leis do Inferno

As Leis do Inferno

"A COISA" segue.....

Ryuho Okawa

Ⓡ IRH Press do Brasil

◆

Copyright © 2023 Ryuho Okawa

Edição original em japonês: Jigoku no Ho – *Anata no Shigo wo Kimeru Kokoro no Zen'aku* © 2023 Ryuho Okawa.

Edição em inglês: © 2023 The Laws of Hell – *"IT" follows*.....

Tradução para o português: © 2023 Happy Science

Imagem de capa: Ma ry/Shutterstock.com

IRH Press do Brasil Editora Limitada

Rua Domingos de Morais, 1154, 1º andar, sala 101

Vila Mariana, São Paulo – SP – Brasil, CEP 04010-100

Todos os direitos reservados.

Nenhuma parte desta publicação poderá ser reproduzida, copiada, armazenada em sistema digital ou transferida por qualquer meio, eletrônico, mecânico, fotocópia, gravação ou quaisquer outros, sem que haja permissão por escrito emitida pela Happy Science – Happy Science do Brasil.

ISBN: 978-65-87485-45-4

Sumário

Prefácio 7

CAPÍTULO UM: **Introdução ao Inferno**
Apresentando o Inferno às pessoas da era atual

1. Familiarizando-se com o Inferno 11
2. O perigo de distorcer a verdade religiosa com a lógica mundana 15
3. Como a verdade espiritual tem sido historicamente negada pelos poderes estabelecidos 25
4. Por que ninguém pode ensinar sobre o Céu e o Inferno 36
5. O que separa o Céu do Inferno segundo Buda 44
6. Como seus pecados serão julgados após a morte? 57

CAPÍTULO DOIS: **As Leis do Inferno**
O julgamento de Enma aguarda você após a morte

1. O pensamento de Enma que as pessoas de hoje deveriam conhecer 65
2. O pecado de criminosos ideológicos é grave 76
3. Os valores terrenos não se aplicam no Inferno 84
4. A lei do Inferno e os vários aspectos do Inferno 90
5. O prazer físico e o preço a ser pago no outro mundo 98
6. Sua fé, seus pensamentos e suas ações com certeza serão julgados após a morte 108

CAPÍTULO TRÊS: Maldições e possessão
Como controlar sua mente para não cair no Inferno

1. Maldições e possessão conectam você com o Inferno 113
2. Os Três Venenos do Coração que estão sintonizados com o Inferno: Gana, Ira e Ignorância 125
3. Orgulho, desconfiança e visões errôneas levam a maldições e possessão 147
4. Como evitar cair no Inferno 157

CAPÍTULO QUATRO: A luta contra os demônios
A verdade sobre os demônios e suas táticas

1. Historicamente, as religiões vêm lutando contra os demônios 163
2. Os poços mais profundos do Inferno que você desconhece ... 174
3. Mesmo agora, demônios assombram certas religiões 188
4. A luta contra os demônios requer senso comum mundano e a Lei da Causalidade 206

CAPÍTULO CINCO: Uma mensagem do Salvador
Para salvar a Terra da crise

1. A Terra se encontra na maior crise da história 211
2. Não devemos permitir que a Terra se torne o planeta dos demônios 218
3. Comece a luta espiritual para resgatar a natureza humana ..228
4. Minha esperança é manter a Terra como campo de treinamento para as almas...238

Posfácio 243
Sobre o autor. 246
O que é El Cantare? 247
Sobre a Happy Science 249
Contatos. 251
Outros livros de Ryuho Okawa 254

Prefácio

Um livro aterrorizante ficou pronto.
    Nunca imaginei que *As Leis do Inferno* seria publicado neste mundo do século XXI – um mundo de praticidade e abundância, dominado às vezes pelo medo de uma guerra nuclear ou da pandemia do coronavírus.
    Quem poderia escrever um livro desses nesta era moderna?
    Existe apenas uma pessoa, aqui, num pequeno país oriental, o Japão.
    Este é seu 3.100º livro.
    É Ele – sim, Aquele que vive na mesma época que você e, no entanto, foi enviado de um mundo que a você parece infinitamente distante. Aquele que foi chamado de Alpha e também de Elohim.
    As Leis do Inferno são outra forma das leis da salvação. "Você já leu *este* livro ou não?" – Esta é a pergunta que lhe será feita na entrada do outro mundo.

Ryuho Okawa
Mestre e CEO do Grupo Happy Science
Novembro de 2022

CAPÍTULO UM

Introdução ao Inferno

— Apresentando o Inferno
às pessoas da era atual

Introdução ao Inferno

1
Familiarizando-se com o Inferno

Eu gostaria de falar a respeito do Inferno ao longo de algumas seções. Neste primeiro capítulo, vou me concentrar em fazer uma introdução sobre o Inferno. Tenho dado palestras sobre diversos assuntos. No entanto, pude observar que, à medida que o número de palestras aumenta, mais pessoas perdem de vista o que é mais importante e acham difícil entendê-las plenamente. Eu gostaria que pelo menos a maioria das pessoas da era atual aprendesse sobre a existência do Inferno. Quero que elas saibam o quanto o Inferno está perto delas e que se familiarizem com a sua existência. Num sentido amplo, os ensinamentos sobre o Inferno são também as leis da salvação, que permitirão que os seres humanos sejam salvos.

Hoje em dia, a oportunidade que as pessoas têm para aprender sobre o Inferno é principalmente com filmes de terror, mas eles nem sempre estão de acordo com a Verdade Búdica. De certo modo, por meio desses filmes de terror o medo acabou se transformando numa forma de entretenimento. Então, podemos dizer que aqueles que trabalham nessa "indústria do medo" estão ganhando dinheiro entretendo as pessoas.

As Leis do Inferno

Assim, não acho necessariamente que esses indivíduos sejam iluminados e estejam tentando guiar os outros na direção correta. Há inúmeros filmes de terror, e embora possam ser considerados uma mistura de trigo e joio, dificilmente encontro algum que seja bom. A maioria pode ser classificada como uma pilha de coisas inúteis.

Essas pessoas dedicam-se a fazer tais filmes de terror porque muitas já têm uma mentalidade infernal. Ou seja, elas têm certa familiaridade com aquele mundo e estão sempre cheias de ideias para colocar nessas produções.

Mesmo que essas pessoas consigam retratar fenômenos infernais, o problema é que ninguém oferece uma resposta sobre formas de lidar com eles. As pessoas atualmente mostram-se muito fracas nesse aspecto. Nas histórias antigas, por exemplo, você via monges budistas enviando almas perdidas para o Céu ou mestres taoistas lutando para exorcizar demônios. Também há histórias de indivíduos sendo salvos pela graça de Buda e de Deus ou pelo poder de um sutra. Hoje, porém, as pessoas não acreditam mais nem se interessam pelas virtudes espirituais retratadas nessas histórias. É uma situação realmente terrível.

Fico preocupado sobretudo com o trabalho nos templos, santuários e igrejas. Esses locais deveriam pelo menos ensinar seus fiéis, quem sabe aos domingos, a respeito de Deus ou Buda. Deveriam pregar, por exemplo, que "as almas existem de fato, assim como o Céu e o Infer-

Introdução ao Inferno

no. Por isso, vocês não devem viver de tal e tal jeito; em vez disso, devem viver desse outro modo" ou "Se vocês estão levando a vida dessa forma, reflitam a respeito de si mesmos". Se eles derem sermões desse tipo para ajudar as pessoas a se arrependerem ou oferecerem a elas a oportunidade de refletir sobre si mesmas todas as semanas, estarão cumprindo seu papel como religião. Mas é uma pena ver que praticamente não há ninguém fazendo isso. Às vezes, acho até que fazem o oposto do que deveriam fazer. É muito decepcionante.

Veja, por exemplo, os monges budistas; é necessário ter qualificações profissionais para se tornar monge. Mas, como já mencionei várias vezes, algumas universidades budistas que estão autorizadas a funcionar no Japão e que formam monges parecem estar ensinando que o budismo é ateísmo. Algumas ensinam até que o budismo é uma espécie de materialismo.

Bem, se eles chamam budismo de ateísmo porque se refere a Buda e não a Deus, ainda é algo tolerável, porque seria apenas uma questão de nomenclatura. Mas, quando chegam a dizer: "Budismo é ateísmo e materialismo", então é quase a mesma coisa que afirmar que o budismo praticamente não difere do comunismo marxista.

Mesmo que uma pessoa conclua um curso especializado numa universidade budista, ganhe um certificado oficial e seja designada a trabalhar num templo como monge principal – do mesmo modo que um médico que inicia sua prática em medicina –, esta certificação não terá sentido se for baseada num conhecimento equivocado. As pessoas costumam achar que qualquer universidade budista pode tornar você um monge, mas, se o que está sendo ensinado ali é materialismo, então certamente temos um problema.

O mesmo vale para a filosofia. Ela originalmente era semelhante à religião, e as duas têm a mesma raiz. Mas algumas pessoas "espertas" gostavam de distorcer e complicar a lógica, e aos poucos tornaram a filosofia cada vez mais abstrata e teórica. Atualmente, já não se trata mais de pensamento filosófico. Em vez disso, tornou-se quase um ramo da matemática. Os filósofos de hoje parecem matemáticos, e algumas áreas da filosofia se voltaram para o estudo da lógica simbólica. Uma filosofia assim não tem absolutamente nenhum poder de salvação – quase zero. Assim como existem ideias heréticas e perniciosas nas religiões, também temos ideias equivocadas expandindo-se no mundo da filosofia. Isso é realmente um infortúnio.

Introdução ao Inferno

2
O perigo de distorcer a verdade religiosa com a lógica mundana

Supressão da liberdade de religião pelo reitor de uma universidade de filiação religiosa

Dentre as religiões existentes, há grupos que foram fundados por um líder que estava espiritualmente possuído por um demônio ou, em outras palavras, que foram estabelecidos por razões infernais. Isso também é problemático.

Existem também grupos religiosos que atuam estreitamente vinculados ao poder político e se tornaram uma ferramenta dele. Isso não seria um problema se eles estivessem agindo de modo correto, mas com frequência estão errados. Deus ou Buda às vezes são usados por eles para ameaçar e controlar as pessoas, porque o poder mundano por si só não é suficiente para os líderes políticos. É preciso ter cautela com isso. Só posso lamentar que ainda haja pessoas que acreditam nesse tipo de religião.

Há algum tempo, enviamos uma solicitação ao Ministério da Educação, Cultura, Esportes, Ciência e Tecnologia do Japão (MEXT) para fundar a Happy Science University (HSU), mas o governo simplesmente entregou o caso ao conselho para que este decidisse. Essa é a

15

maneira que eles têm de se eximir de responsabilidade. Quando se trata de assuntos delicados, os políticos costumam transferir a responsabilidade e deixá-los nas mãos de especialistas acadêmicos.

Na primeira vez que fizemos a solicitação, o presidente do conselho era reitor de uma universidade cristã. Ele havia escrito apenas um livro, mas, por alguma razão, entidades como o governo chinês haviam lhe concedido muitos prêmios, além de doutorados honorários e medalhas. Pude ver como ele era totalmente submisso à China e já se tornara uma ferramenta do comunismo. O mesmo vem acontecendo em algumas universidades cristãs. Nosso partido político está lutando contra o comunismo, por isso o governo chinês também andou manipulando essas pessoas para que promovessem retaliações contra nós.

Tal pessoa foi designada para liderar o conselho que avaliou nosso pedido. Quando eu soube que ele havia recebido vários doutorados honorários e outros prêmios da China e da Coreia do Sul, imaginei que não estávamos em boas mãos. Presumi que, no entender dele, as religiões só são aceitáveis quando protegem as autoridades estabelecidas, e que não devem ser aceitas quando constituem uma ameaça a elas. E, se ele havia assimilado maneiras de pensar comunistas, era evidente que negaria qualquer fenômeno místico.

O conselho costuma analisar a solicitação e decidir com base na documentação apresentada, que descreve

Introdução ao Inferno

qual o propósito para se estabelecer uma universidade. Mas eles não aprovaram a criação da HSU por um motivo diferente do que constava da documentação. Por exemplo, a Happy Science publica mensagens espirituais. Embora isso não tivesse nada a ver com a solicitação, eles concluíram: "Esta religião publica mensagens espirituais. Portanto, não é acadêmica. É por isso que não podemos aprovar a HSU como uma universidade". Francamente, isso não passa de uma violação da Constituição. (Talvez outra razão para a não aprovação tenha sido que o Partido Liberal Democrata do Japão tinha na época um relacionamento estreito com a antiga Igreja da Unificação.)

Muitas religiões recebem mensagens espirituais e revelações de Deus, de Buda, de espíritos elevados e de anjos, ou experimentam fenômenos místicos. E como existe liberdade religiosa, o governo não pode rejeitar uma religião alegando que "uma religião na qual ocorrem fenômenos místicos não é verdadeira". Trata-se de uma óbvia opressão religiosa. Portanto, o argumento do conselho para não aprovar a solicitação foi totalmente descabido. Mesmo assim, essas ações passaram impunes.

Além disso, os fenômenos místicos diferem radicalmente das chamadas fraudes espirituais. Os fenômenos místicos são a base universal para o surgimento e a existência da religião como um todo.

A decisão do MEXT foi errada, tanto em termos da Constituição quanto da lei. A aprovação das uni-

As Leis do Inferno

versidades deve ser feita com um julgamento legal baseado na análise da documentação, mas eles rejeitaram a HSU com base em algo que não constava da documentação – que são as próprias atividades religiosas da Happy Science. É como se eles tivessem decidido que as religiões que não são as estabelecidas ou já reconhecidas são todas falsas.

Entretanto, a HSU faz parte da Happy Science, uma organização religiosa à qual o ministério deu sua aprovação. Fica evidente a total contradição. A impressão é que a decisão se baseou em avaliar se a administração vigente na época poderia ganhar alguma vantagem política. Em caso positivo, eles aprovariam a solicitação, mas se houvesse alguma desvantagem política, não o fariam.

Portanto, eles decidiram não aprovar a HSU alegando que publicamos mensagens espirituais. É bem provável também que tenham dado essa desculpa imaginando que esse tipo de argumento seria bem aceito pelos meios de comunicação de massa.

Além do mais, disseram: "Não podemos aprovar sua universidade porque na grade curricular de economia vocês listaram muitos professores que defendem a teoria de redução de impostos". A liberdade acadêmica obviamente se aplica também à economia. Segundo o preceito constitucional da liberdade acadêmica, você pode ter tanto professores que defendam a redução de impostos como aqueles que defendem seu aumento.

Introdução ao Inferno

Em termos gerais, a taxação pesada e opressiva causa uma devastação na mente das pessoas e leva o país à ruína. No Japão, durante o Período Edo (1603-1867), ocorriam tumultos quando as pessoas eram obrigadas a pagar mais da metade de sua colheita anual como imposto territorial. Hoje, o governo recolhe impostos sob todas as formas, sem chamá-los de "impostos". Cobra taxas alegando as mais variadas razões, como pensões e seguros. Se incluirmos essas taxas no cômputo geral dos impostos, concluiremos que o governo já está tributando cerca de 50% da renda das pessoas. Mesmo assim, o Japão tem um imenso déficit orçamentário, que vem se acumulando.

Portanto, o governo precisaria em primeiro lugar corrigir esse seu hábito de se endividar. Eles deveriam começar cortando custos e evitando desperdiçar dinheiro. Os cidadãos também teriam de trabalhar de modo diligente e pagar os impostos apropriados, e o governo precisaria gastar o dinheiro dos impostos de maneira adequada. Precisamos transformar nossa sociedade em uma sociedade saudável desse tipo.

Vamos voltar à teoria do corte de impostos. Ela faria sentido suficiente se sua aplicação levasse a reexaminar qualquer desperdício de dinheiro. Na realidade, quando os Estados Unidos realizaram cortes de impostos sob o mandato do presidente Reagan e do presidente Trump, a economia do país melhorou e a receita de impostos cresceu. Portanto, não se pode alegar que a teoria do corte de impostos esteja errada do ponto de vista acadêmico. As ideias dessa teoria são rejeitadas meramente por razões egoístas das autoridades públicas. Mais impostos significam mais poder para as autoridades governamentais e os políticos, e é por isso que eles se opõem à redução. Mas se eles estão fazendo julgamentos de bem e mal, ou de verdadeiro e falso com base apenas em seus próprios interesses, estão cometendo um grave erro.

A tomada de decisões equivocada devido a uma religião fundada por razões infernais e por pressões políticas

Descrevi como me senti em relação a esse conselho da primeira vez que nos inscrevemos para fundar nossa universidade. Na segunda solicitação, o conselho tinha outros membros; o novo chefe do conselho era um ex-reitor de uma universidade filiada a outro ramo cristão (a Igreja Anglicana). Em seus tempos de universidade, havia se dedicado a estudar um assunto semelhante à filosofia política. Assim como o chefe anterior do conselho, publicara apenas um livro – uma pesquisa sobre Rousseau, na realidade a versão ampliada de um trabalho de pesquisa que ele havia escrito quando era pesquisador assistente. A igreja cristã à qual sua universidade era filiada tinha sido fundada na Idade Média.

Introdução ao Inferno

Segundo nosso entendimento de questões religiosas, a fundação dessa Igreja fora baseada em motivos errados e teve início por causa de um rei que queria escapar do controle da Igreja Católica Romana. Ele se separou dela e nomeou a si mesmo chefe supremo. Como a Igreja Católica interferia na questão do casamento e divórcio do rei, ele decidiu criar uma nova religião e fez-se sacerdote dela. Era uma pessoa que consideraria matar a esposa caso não pudesse se divorciar dela, e ele realmente matou várias pessoas. Essa foi a origem histórica dessa religião.

O chefe do novo conselho fora reitor de uma universidade filiada a este ramo do cristianismo, e havia estudado Rousseau em suas pesquisas acadêmicas. Costuma-se dizer que todos aqueles que pesquisaram Rousseau acabam se tornando esquerdistas.

Rousseau teve cinco filhos, embora não chegasse a se casar, e mandou todos eles para um orfanato. Foi esse o homem que escreveu sobre os ideais de educação na obra *Emílio ou Da educação*.

Muitos admiradores de Rousseau desenvolveram teorias educacionais próprias com base nas dele. Mas, antes de mais nada, acho que um homem que teve cinco filhos e não assumiu responsabilidade por educá-los e cuidar deles, chegando a colocá-los num orfanato, não está qualificado a ensinar a respeito de educação. Claro, existem crianças bem-comportadas e malcomportadas, e ao se tornarem adultas terão de assumir a responsabilidade por sua vida. Mesmo assim, Rousseau, por ter deixado seus filhos num orfanato quando ainda eram pequenos, não se qualifica para dar ensinamentos sobre educação.

O chefe do conselho, portanto, era esse tipo de pessoa, que realizou pesquisas sobre um homem irresponsável como Rousseau, e que havia sido reitor de uma universidade filiada a uma igreja cristã fundada por razões infernais (seu fundador, Henrique VIII, é atualmente um demônio no Inferno). E foi esse tipo de pessoa que fez a análise da nossa solicitação.

No decorrer do processo, chegamos até a sofrer pressões políticas. O ministério pressionou-nos e sugeriu que seria melhor retirarmos nossa solicitação do que tê-la rejeitada. Então, decidimos fazer isso naquele momento e reconsiderar o pedido. Assim, as relações de poder e os assuntos mundanos nos impedem de simplesmente buscar aquilo que é correto. Não podemos aceitar ser julgados por aqueles que estão do lado errado das coisas.

A religião precisa ser independente da lógica mundana, do senso comum e do poder para preservar sua Verdade

Se as coisas predominantes, populares ou estabelecidas em nossa sociedade estão arraigadas e equivocadas, então não há muito o que fazer. Nesse caso, resta-nos manter nossa posição e trilhar o caminho no qual acreditamos.

Introdução ao Inferno

Os poderes políticos estão agora exercendo pressão sobre nós e se recusam a conceder diplomas àqueles que se formam pela HSU. Mesmo assim, os formandos se tornaram funcionários da Happy Science ou então foram contratados como graduados universitários por empresas que têm vínculos com a Happy Science ou que apoiam a organização. Ao que parece, mais de 98% desses estudantes foram contratados como indivíduos "com ensino superior completo".

Isso significa que somos *independentes*.

Se não buscarmos a independência, só nos restará distorcer nossos ensinamentos básicos como religião e até mesmo alterar o conteúdo de nossas atividades. Isso seria perigoso, e como religião não devemos ceder nessas questões. Não podemos ser derrotados pela lógica mundana e pelo senso comum estabelecido que rege este mundo.

Hoje em dia, as pessoas usam muito a palavra *democracia*. O presidente dos Estados Unidos, por exemplo, fala atualmente em levar a democracia para o resto do mundo. Mas a Coreia do Norte também se considera um país democrático. Até a China encara a si mesma deste modo. Portanto, apenas defender a "democracia" não se justifica por si. É preciso considerar em seguida o conteúdo dessa "democracia".

Por exemplo, a China prometeu a Hong Kong que manteria o mesmo sistema por cinquenta anos após a sua entrega, mas começou a descumprir por completo sua promessa depois de apenas 25 anos. Publicamente, eles fazem parecer que estão mantendo o sistema, mas nas eleições legislativas apenas os "patriotas" têm permissão de concorrer. E, nesse caso, patriota significa ser membro ou apoiador do Partido Comunista. Assim, aqueles que discordam do Partido Comunista da China não podem se tornar políticos, o que é o mesmo que não possuir liberdade política. Não há nem a liberdade de se candidatar a uma eleição, nem a liberdade de votar. A "democracia" da China é uma mera formalidade. Este é um exemplo.

Na democracia, existe a "democracia com fé" e a "democracia sem fé".

Dessa maneira, tornou-se difícil compreender a verdade religiosa neste mundo e, às vezes, a noção de valores das pessoas acaba ficando distorcida. As religiões costumam enfrentar dificuldades neste mundo porque aqueles que detêm o poder terreno ou têm *status* mais elevado podem exercer considerável pressão ou fazer julgamentos equivocados a respeito delas.

Introdução ao Inferno

3
Como a verdade espiritual tem sido historicamente negada pelos poderes estabelecidos

Religiosos e escritores que foram perseguidos ou usados para se obterem vantagens políticas

Muitas das principais religiões de hoje também foram perseguidas no passado. Isso ocorre porque as religiões que trabalham para mudar o senso de valores fundamental das pessoas sempre entram em choque com os poderes existentes ou estabelecidos.

a) Cristãos que foram perseguidos para que abandonassem sua fé

Vemos, em termos históricos, que houve grupos religiosos que foram reconhecidos e adotados pelas autoridades em cerca de cinquenta anos ou mais, mas até mesmo o cristianismo passou por duzentos a trezentos anos de perseguição.

Por centenas de anos, os cristãos continuaram sofrendo – foram crucificados, às vezes de cabeça para baixo, e apedrejados até a morte. No Coliseu romano, os cristãos, não gladiadores, foram caçados e comidos por leões e transformados em espetáculo. Eram obrigados a escolher entre abrir mão de sua fé e ser perdoados ou manter sua fé e ser comidos por leões. Houve tempos em que sofreram perseguições desse tipo. Deus não interveio para salvá-los nessas horas. Portanto, foi de fato muito difícil. As pessoas foram testadas para ver se conseguiam manter sua fé até o fim, apesar de todas as provações que tinham de suportar. Como resultado da perseguição, algumas religiões sobreviveram, enquanto outras desapareceram.

b) Maniqueísmo – seu fundador foi esfolado vivo e assassinado, e a religião foi levada à extinção

Outro exemplo é o maniqueísmo, que se disseminou pelo mundo enquanto seu fundador ainda estava vivo. Mas depois que foi esfolado vivo e assassinado, a religião foi levada à extinção.

Talvez você ache que o maniqueísmo foi perseguido pelo cristianismo, porque ele foi fundado posteriormente, mas sabe-se que foi o zoroastrismo que impôs a pena de morte a Mani. Na realidade, nossa investigação espiritual revelou que, na vida passada, Mani fora Zoroastro. Coisas desse tipo podem ocorrer e levar uma pessoa a ser morta pela própria religião que criou no passado.

Introdução ao Inferno

c) O romance de Dostoiévski sobre o exílio do Jesus reencarnado

No mundo cristão também há uma profecia que afirma que, se Jesus reencarnasse, sofreria perseguição. Eu às vezes menciono o poema "O Grande Inquisidor", do romance *Os Irmãos Karamazov*. Ele conta que, no século XVI, apareceu um homem considerado a reencarnação de Jesus, que curava doentes e operava vários milagres, assim como fez Jesus. O próprio Grande Inquisidor sabe que o homem é a reencarnação de Jesus, mas diz algo como: "Não queremos você de volta. Agora que o sistema da Igreja já está estabelecido, não há mais lugar para você. Não precisamos de você". Em outras palavras, o sistema da Igreja já havia sido tomado pelo diabo, e eles acabaram exilando aquele homem dizendo: "Poderíamos executá-lo, porque você está interferindo na obra do diabo. Mas, em vez disso, vamos comutar sua pena e exilá-lo".

Na verdade, é 99% provável que isso aconteça. Eu incluí um episódio semelhante em meu romance *O Estigma Oculto 1 <O Mistério>*. Ele descreve uma santa – a irmã Agnes – que aparece neste nosso mundo moderno e realiza milagres, como Jesus. A igreja cristã não aceita reconhecer os poderes dela, então tenta provar que ela tem poderes demoníacos. Agnes foge da Igreja por medo de ser perseguida. Eu valorizei essa história do passado e decidi incluí-la no meu romance.

27

d) Tolstói escapou da perseguição ao retratar um Jesus não espiritual

Dostoiévski escreveu *Os Irmãos Karamazov* mais ou menos na época em que viveu outro escritor famoso chamado Tolstói.

Tolstói escreveu *Uma Curta Exposição do Evangelho*. Neste livro, ele não incluiu nenhuma descrição de fenômenos místicos e retratou Jesus apenas como uma pessoa moral. Tolstói provavelmente imaginou que as pessoas achariam isso mais fácil de aceitar, em razão do nível de consciência delas. Então, escreveu sobre o cristianismo de modo a ensinar princípios morais.

Esta obra é de certo modo decepcionante em comparação com a Bíblia original. Mas, para que sua literatura fosse reconhecida e ele pudesse ganhar a vida sob o regime da época, é provável que Tolstói não tivesse alternativa a não ser omitir até certo ponto as descrições de milagres e de outros fenômenos místicos. Deve ter refletido sobre

O Estigma Oculto 1 <O Mistério>
(São Paulo: IRH Press do Brasil, 2022)

Introdução ao Inferno

isso e concluído que sua obra seria aceita e ele não seria perseguido se escrevesse sobre o cristianismo como ensinamentos morais. Mesmo assim, ao que parece algumas pessoas protestaram ou se opuseram ao que ele fez. Uma fonte afirma que Umeko Tsuda, que estudou nos Estados Unidos durante o Período Meiji, no século XIX, e voltou ao Japão depois de ter estudado o cristianismo, sentia verdadeiro desprezo por Tolstói. É provável que, ao ler *Uma Curta Exposição do Evangelho* dele e ver que todos os fenômenos milagrosos haviam sido omitidos, ela tenha pensado: "Que covarde!". Não irei falar mais sobre esse assunto porque não conheço os detalhes, mas é possível que haja pessoas assim.

e) O confucionismo foi usado como um ensinamento sem Deus e sem alma para governar o país

Outro exemplo é Confúcio. Ele, que pregou o confucionismo, vem influenciando a China há mais de 2.500 anos, mas seus princípios a respeito de alcançar o sucesso na vida sem dúvida foram aos poucos sendo usados a favor do regime político. Confúcio certa vez afirmou: "Não devo falar sobre coisas como poderes sobrenaturais ou deuses misteriosos". O regime tirou essas palavras de contexto e deu-lhes excessiva ênfase, a fim de promover o ateísmo.

As Leis do Inferno

Em outra ocasião, questionaram Confúcio a respeito do mundo póstumo. Há um trecho em *Os Analectos* em que ele diz: "Como posso falar sobre o que acontece após a morte se ainda não compreendi completamente a vida humana e o que significa viver?". Os governantes da época limitaram-se a escolher certas afirmações e usá-las para promover o ateísmo e a ideia da inexistência da alma.

Além disso, os governantes usaram habilmente as ideias políticas de Confúcio para fazer com que aqueles em posições mais baixas prestassem o máximo respeito a quem estivesse acima deles e priorizassem a lealdade. Tiraram partido dessas ideias para governar o país. É por isso que eles costumavam realizar os exames imperiais com base nos *Quatro Livros e Cinco Clássicos*, que dizem ser a essência do que Confúcio pregou. É a mesma coisa que a China faz agora – excluir do governo aqueles que não sejam "patriotas".

Por mais de mil anos foi mantido este sistema imperial de exames, que pode ser considerado como um exame da Ordem dos Advogados ou um concurso público. O candidato precisa obter praticamente a nota máxima para ser aprovado; esse exame testa se você tem uma ideologia conveniente às autoridades governantes. E mesmo que você tire uma nota alta nesse tipo de teste e seja considerado um prodígio, não significa que esteja vivendo de acordo com a Verdade. Na realidade, as autoridades só contratam aquelas pessoas das quais vale a pena usufruir vantagens.

Introdução ao Inferno

Mesmo que os ideais religiosos sejam pregados, na maioria dos casos as autoridades fazem uso apenas das partes que são convenientes a elas, deixando de fora tudo o que lhes é inconveniente. Embora a religião e a política compartilhem alguns valores comuns, também se contradizem. É um assunto muito difícil.

Os ensinamentos cristãos e budistas sobre a riqueza foram distorcidos ao longo dos anos

A religião e a economia também têm princípios em comum, mas existem aspectos que colocam ambas em contradição.

A razão pela qual o protestantismo ganhou popularidade em comparação com o catolicismo é que a ascensão do protestantismo coincidiu com a ascensão do capitalismo. A doutrina protestante ensinava que ser bem-sucedido nos negócios, obter grandes lucros e alcançar prosperidade neste mundo era realizar a glória de Deus na Terra. Também defendia a teoria da predestinação, que dizia que se a pessoa é salva, é porque estava predestinada a isso. Se ela trabalhou com diligência e enriqueceu muito neste mundo, é porque foi abençoada por Deus, e por isso prosperou. Desse modo, a afirmação da riqueza está presente no protestantismo.

Já os católicos têm uma espécie de "alergia" a dinheiro, e tampouco se mostram muito inclinados a acumular riquezas. Você com certeza pode encontrar uma passagem da Bíblia que diz: "É mais fácil um camelo passar pelo buraco de uma agulha do que um rico entrar no Reino de Deus". Se você tira essas palavras de contexto, pode transformar este ensinamento numa ideia comunista. Muitos ensinamentos têm forte relação com circunstâncias de época, e foram voltados especialmente para as situações vividas naquele tempo. E cada ensinamento foi dirigido a uma pessoa ou grupo em particular. Portanto, embora este ensinamento sem dúvida se aplique aos ricos que têm a mente gananciosa, nem sempre se aplica aos demais.

Outro fator é a posição que Jesus ocupava naquele tempo. Se ele fosse líder de um grande grupo já estabelecido, talvez tivesse ensinado de modo diferente. Mas, quando deu esses ensinamentos, ainda estava no nível de uma nova religião recém-criada. Por exemplo, uma vez um homem muito rico, que nunca fizera nada de errado, procurou Jesus e este lhe disse: "Vai, vende tudo o que tens e dê-o aos pobres". Ao ouvir essas palavras, o homem foi embora triste, achando que não seria capaz de se mostrar à altura daquela religião. No entanto, Jesus deu os ensinamentos de forma individual, especialmente para aquele indivíduo. Tenho certeza de que ele teria dito outras coisas a pessoas diferentes daquela. Portanto, este ensinamento não se aplica a todos de maneira indiscriminada.

Introdução ao Inferno

No entanto, embora o interior do judaísmo na época já tivesse praticamente se tornado uma colônia de Roma, os rabinos – professores judeus – e também outros judeus muito ricos tinham um *status* social alto. Por isso, achavam importante na época proteger a autoridade preexistente e então resistiram a qualquer ideia que pudesse reduzir seu poder. Os discípulos das gerações posteriores têm dificuldades para entender esse contexto histórico.

No budismo, há um exemplo semelhante. Um dia, Buda Shakyamuni e seu discípulo percorriam uma trilha de montanha e viram uma moeda de ouro no chão. Buda então disse: "Cuidado. Uma serpente venenosa está à espera de boca aberta". Comentou isso como um aviso, porque os monges podem negligenciar sua disciplina e se tornar corruptos se começarem a pegar moedas do chão. O ensinamento foi preservado, mas se essas palavras fossem usadas fora de contexto, poderiam significar apenas: "O dinheiro é uma coisa suja".

É por isso que no budismo hinaiana os monges não devem receber dinheiro diretamente, com as próprias mãos. Alguns grupos orientam seus monges a estender um tecido no chão, como um lenço ou cobertor, para que as pessoas coloquem ali o dinheiro, e eles depois envolvem a oferta com o pano, pois acreditam que tocar no dinheiro pode contaminá-los. Entretanto, na verdade, eles caíram na armadilha da mera formalidade.

As Leis do Inferno

O perigo de levar a questão de "bem e mal" ao extremo

Essas ideias de bem e mal são uma questão de "infratores perigosos comuns". Por exemplo, se você está dirigindo um carro, pode envolver-se num acidente e matar alguém ou morrer. Isso de fato pode acontecer. Mas é equivocado você chegar ao extremo de afirmar: "É por isso que as pessoas nunca devem dirigir um carro".

No Japão, houve uma época em que morriam todo ano cerca de 10 mil pessoas – às vezes mais – em acidentes de trânsito. Este número agora caiu para uns poucos milhares, e nos habituamos a esse número, por isso não fazemos disso um problema, mas e se alguém de repente o traz à tona e diz: "Milhares de pessoas morrem porque carros são vendidos. É correto que as pessoas ganhem dinheiro dessa forma?". Isso soaria como se as fábricas de automóveis estivessem vendendo armas mortíferas.

Mesmo quando havia surtos de vírus, o número anual de mortes no Japão era de alguns milhares, ou passava somente um pouco dos 10 mil. As pessoas podiam contrair o vírus, mas dificilmente morriam por causa disso. Porém, quando consideramos que mais de 10 mil indivíduos morrem de acidente de carro todos os anos, podemos nos perguntar: quantas pessoas já devem ter morrido desde que os carros começaram a ser produzidos? A resposta seria um número significativo – talvez mais de 1 milhão.

Introdução ao Inferno

No final das contas, é uma questão de como você encara as coisas. Mesmo que ache que um carro é uma arma mortífera, um veículo letal, esse aspecto não pode superar a praticidade que ele oferece. Não teríamos necessidade de carros se os trens circulassem por todos os locais, mas em alguns lugares não há acesso por trem. Você tampouco pode ir a qualquer lugar de barco, e mesmo que decida usar um avião, terá de lidar com o fato de alguns aeroportos ficarem em localidades muito remotas. Portanto, apesar do risco de se envolver em algum acidente, é conveniente dispor de um carro. Por isso, raramente veremos algum protesto para eliminar os carros, mesmo que os acidentes acabem provocando mortes; as pessoas simplesmente contam com seguros para dar-lhes cobertura.

Por outro lado, muitos esforços têm sido feitos para reduzir os acidentes de trânsito, por exemplo, desde aprimorar as técnicas de direção até melhorias para aumentar a segurança no trânsito; o simples fato de contar com um espelho de tráfego pode evitar uma colisão; deixar os faróis acesos à noite diminui o número de acidentes; a simples regra de dirigir pela via direita ou esquerda da estrada evita colisões; seguir as regras básicas nos cruzamentos também reduz acidentes. Esforços desse tipo têm sido feitos.

Como vemos, existem aspectos complexos envolvendo a questão do bem e do mal.

4

Por que ninguém pode ensinar sobre o Céu e o Inferno

As pessoas da atualidade deveriam ter mais conhecimento a respeito da alma e da ideia de reencarnação

Se os ensinamentos do budismo primitivo fossem aplicados ao pé da letra no mundo atual, então, tirar a vida de qualquer criatura viva, por exemplo, seria considerado errado. Quando Buda Shakyamuni era vivo, os caçadores que capturavam aves e animais nas montanhas e os pescadores de rios e mares eram considerados como tendo uma profissão impura. Por isso, não eram admitidos como discípulos ordenados e, às vezes, nem mesmo como devotos. Foi lamentável para eles, mas isso mostra o quanto o budismo tinha no início uma atitude bastante pura.

E este costume ainda existe até hoje. Na realidade, talvez não tenha começado no budismo e seja herança do bramanismo, que precedeu o budismo na Índia.

No Ocidente, as pessoas acreditam que apenas os humanos são dotados de alma, por isso elas não sentem remorso ao matar e comer animais. Sejam porcos, bois

Introdução ao Inferno

ou aves, não acreditam que os animais tenham alma, portanto não têm escrúpulos em matá-los, cortar sua carne e comê-los. No Oriente, predomina a crença de que os animais também têm alma. E alguns povos levam essa crença muito a sério.

No Japão, a carne bovina ao *curry* tornou-se um prato nacional muito popular para adultos e crianças. Mas, se um indiano vai ao Japão e come este prato sem saber do que se trata, talvez tenha uma reação muito forte ao ficar sabendo que havia carne no *curry* que comeu, e possa até morrer em razão desse choque.

Na Índia, as vacas são consideradas mensageiras de Deus, então as pessoas não as matam. Os automóveis até se desviam delas ao encontrá-las deitadas no meio da rua. Por isso, as vacas na Índia têm aquela expressão pacífica e celestial, e um olhar muito doce. Se soubessem que poderiam ser comidas, a tristeza ficaria estampada na sua expressão, mas como sabem que isso nunca vai acontecer, acabam exibindo esse semblante gentil.

De certa forma, porém, esse é um fator que retarda a modernização. Imagine o problema nas horas de pico, se os carros ficassem parando por causa de vacas deitadas no meio da pista.

Quando você viaja pela Índia, o único prato de *curry* servido com carne é o *tandoori* de frango. Parece que no país não há problema em comer frango, mas não outros tipos de carne. Então, as demais opções são lentilha

As Leis do Inferno

ou legumes ao *curry*, ou similares, algo que talvez não agrade aos japoneses.

Suponho que essa ideia não seja original do budismo. Já existia antes do budismo, e tem por trás a ideia da reencarnação, que originalmente afirmava: "Aqueles que viveram uma vida indigna de um ser humano ou viveram como bestas ou animais renascerão como animais em sua próxima vida". Essa ideia penetrou no budismo, que não a nega.

Na Índia, podemos ver grandes peixes pretos parecidos com carpas nadando nos rios. Então, talvez você se pergunte por que as pessoas não os pescam e comem se há escassez de alimentos, mas os indianos dirão: "Não posso, porque pode ser meu avô ou minha avó". É uma questão difícil.

No entanto, a crença ocidental de que "os animais não têm alma" é sem dúvida equivocada. Os carneiros têm alma, as vacas também; então, essa ideia é incorreta, mas os ocidentais pensam dessa maneira porque Jesus nunca mencionou se os animais têm alma ou não.

Platão viveu algumas centenas de anos antes de Jesus e, se você examinar sua filosofia – que dizem ter sido pregada por Sócrates –, encontrará descrições de como às vezes os humanos renascem como animais. Essas descrições podem ser vistas em alguns de seus trabalhos filosóficos. Por exemplo, uma pessoa que viveu neste mundo de maneira corajosa irá renascer como um leão, ou alguém que

Introdução ao Inferno

queira provar sua inocência irá renascer como um cisne. É possível encontrar descrições como essas, o que indica que os povos antigos compartilhavam ideias semelhantes de reencarnação. Embora ideias assim já fizessem parte da filosofia, Jesus não conseguiu pregá-las durante seus três anos de trabalho missionário.

Na região em que Jesus viveu, havia o costume de escrever palavras com sangue, o que talvez funcionasse como um selo ou carimbo. As pessoas extraíam sangue de carneiros para escrever frases e matavam carneiros ou cabras para comê-los nas festas, ou quando recebiam alguém.

Não estou muito certo a respeito da diferença exata entre carneiros e cabras. Ao que parece, os carneiros vivem em planícies, enquanto as cabras preferem montanhas, portanto são de fato um pouco diferentes. De qualquer modo, as pessoas matavam esses animais e os comiam. Isso não era considerado um pecado, embora roubá-los fosse visto como uma violação dos direitos de propriedade e, portanto, como algo pecaminoso. Esse tipo de costume tradicional tem ofuscado a verdade.

Com base na investigação espiritual que realizei agora, no século XXI, se me perguntassem de maneira direta: "As pessoas às vezes renascem como animais?" ou "Os animais às vezes renascem como humanos?", teria de responder: "Sim". No entanto, a porcentagem disso não é muito alta, isto é, não se trata de algo que ocorre com qualquer um. É fruto de uma escolha, quando se avalia que será melhor para aquela pessoa. Portanto, tenho de admitir que isso realmente acontece. Eu gostaria que você soubesse desse fato sobre a reencarnação, pois muitos hoje em dia acreditam tratar-se de mero folclore.

Avanços nas ciências naturais deram um tom materialista e ateísta aos estudos e à filosofia budista

Alguns estudiosos budistas, inclusive grandes estudiosos do período posterior à Segunda Guerra Mundial, acreditam que a ideia de seres humanos renascerem como animais é apenas um folclore antigo tolo ou uma parábola para assustar e ensinar moral às pessoas. Talvez isso se deva em parte à influência que alguns estudiosos budistas do período anterior à Segunda Guerra Mundial, do Período Meiji em diante, receberam da filosofia ocidental. Para piorar, eles deram um passo adiante e chegaram ao ponto de afirmar que "Os seres humanos não têm alma" ou que "O budismo ensina a ausência de alma. Ele propõe uma teoria baseada no ateísmo e na inexistência da alma". Com isso, acreditam estar modernizando o budismo.

No entanto, eu gostaria de dizer a eles: "Esperem um pouco". Penso que eles afirmam essas coisas porque extraíram apenas uma parte dos ensinamentos, mas se suas ideias fossem de fato verdadeiras, o budismo seria

Introdução ao Inferno

hoje muito semelhante ao que Marx defendia no comunismo. Ou seja, que "Não existe Deus nem almas, então, a única coisa que importa é a felicidade neste mundo. Todos devem ser tratados do mesmo modo, de maneira igualitária, para que essa felicidade seja alcançada, mesmo que isso signifique dividir os ganhos que as pessoas obtiveram com seu trabalho. É esse o caminho para a felicidade".

Os filósofos tendem a pensar assim. Acham que, se você tiver fé, então acreditará em qualquer coisa, como no provérbio japonês que diz: "O ser humano é capaz de ter fé até numa cabeça de sardinha cortada" (isto é, quem tem fé pode achar sagrado até mesmo algo absolutamente trivial). Para eles, a fé impede as pessoas de pensar de maneira filosófica.

A ciência adota o princípio de que é preciso duvidar, duvidar e duvidar de tudo, e que a verdade está apenas naquilo de que você não consegue mais duvidar. Se essa posição for adotada também no estudo da filosofia, alguns professores poderão muito bem dizer para você abandonar sua fé. Na realidade, isso foi retratado no filme americano *Deus Não Está Morto*, que se tornou um grande sucesso. Lembro que se baseia numa história real, de um estudante que tem fé religiosa e venceu um debate com seu professor.

No filme, um professor de filosofia pede que os alunos assinem uma declaração negando a existência de

Deus; é a exigência que ele faz para que continuem assistindo às suas aulas. Mas um deles se recusa e diz: "Sou cristão, não posso fazer isso". O professor avisa o aluno que ele não conseguirá ser aprovado naquela matéria com a nota "A", o que tornaria difícil para ele obter um bom emprego ou ser aprovado em um exame de certificação. Até a namorada desse aluno, com quem ele tinha um relacionamento estável, acaba rompendo com ele. Ela pede que ele assine a declaração, mas como ele não concorda, a moça termina o namoro. Provavelmente, ela pensou que não deveria se casar com um "tolo" como ele. Ela diz algo como: "Assine isso e pronto! Você não pode se dar ao luxo de ser reprovado nessa matéria se quiser se juntar à trajetória da elite". Mas ele hesita porque, como cristão, isso vai contra sua fé. Só que aos poucos ele ganha mais apoio, até que o professor finalmente abandona a sala de aula, derrotado.

Talvez o filme tenha feito sucesso por lidar com um caso raro. Mesmo assim, essa questão é difícil. E suponho que algo parecido esteja acontecendo no Japão atual no âmbito da filosofia.

As ciências naturais têm avançado e estão se desenvolvendo com base no materialismo. Isso faz os estudos religiosos, budistas e a filosofia parecerem coisas ultrapassadas e supersticiosas. Talvez por essa razão as pessoas que se especializam nessas áreas estejam se esforçando para levar as coisas em direção ao materialismo.

Introdução ao Inferno

Examinando a situação atual, chegamos a um ponto em que ninguém mais consegue ensinar de fato sobre o Céu e o Inferno.

Mesmo alguns dos ensinamentos de Buda Shakyamuni podem ser interpretados erroneamente como ateístas ou materialistas. Por exemplo, um estudioso budista chamado Hajime Nakamura publicou *Kamigami to no Taiwa* (ou "Diálogos de Buda com os Deuses", tradução japonesa de Samyutta Nikaya, Parte 1) e *Akuma to no Taiwa* ("Diálogos de Buda com o Demônio", tradução japonesa de Samyutta Nikaya, Parte 2), pelas Edições de Bolso Iwanami. Mas essas escrituras originais não tratam de negar os deuses. Descrevem apenas que os antigos deuses do bramanismo se impressionaram com o poder de Buda Shakyamuni ao conversar com ele. Ficaram tão comovidos que caminharam em volta de Buda no sentido horário várias vezes para expressar sua adoração.

As escrituras na verdade não negam os deuses; em vez disso, mostram de que maneira a autoridade de Buda foi estabelecida depois que ele debateu com os deuses, que são equivalentes aos deuses étnicos do Japão antigo. Mas, como essa história pode ser mal-interpretada como se negasse o poder absoluto dos deuses, alguns se ativeram a este ponto e disseram: "O budismo é ateísta".

5
O que separa o Céu do Inferno segundo Buda

O verdadeiro significado do ensinamento: "Uma pedra afunda na água, mas o óleo flutua"

Há um sutra budista chamado Sutta Nipata, que se acredita ser um registro relativamente fiel das palavras de Buda. Está compilado no Sutra Agama. Ele fala dos confrontos de Buda com as religiões preexistentes.

Naquele tempo, o bramanismo, que acabou se tornando conhecido como hinduísmo após o estabelecimento do budismo, já havia incorporado rituais de adoração ao fogo herdados do zoroastrismo no Ocidente. Esses rituais de adoração ao fogo são encontrados hoje em algumas escolas do budismo; alguns grupos budistas esotéricos fazem uma fogueira empilhando madeira na forma de uma grade de jogo da velha. Portanto, talvez eu não deva negar muito esta prática.

O fogo tem um efeito purificador e pode simbolizar a queima dos pecados deste mundo. Desde antes da época de Buda, um ensinamento dizia: "Se você acender uma fogueira e rezar pelo bem-estar de seus antepassados, seus pecados serão perdoados". Para combater esta ideia, Buda propôs um novo ensinamento, inovador. É claro, não negou totalmente a adoração ao fogo, mas disse: "Ir para o Céu ou para o Inferno depende de sua mente e de suas ações. Depende de seus pensamentos e ações".

Ação significa *carma*. O que você pensou e fez neste mundo irá determinar seu carma, e este carma determinará sua próxima vida – este é o ensinamento básico do budismo.

Portanto, são seus pensamentos e ações que determinam se você vai para o Céu ou para o Inferno. Isso é expresso na seguinte parábola do Sutra Agama: "Eis aqui um lago. O que acontece se você joga uma pedra nele? A densidade relativa da pedra é maior que a da água, então naturalmente a pedra afunda. Agora, será que a pedra flutuará se os brâmanes rezarem para que isso ocorra? Não, não flutuará".

Essa parábola fala do carma das pessoas, ou, neste caso, de seus pecados. Ensina que você não pode ser salvo ao cair no Inferno em razão do peso de seus pecados. A responsabilidade é sua.

A parábola então continua: "Ao contrário, se você despeja óleo no lago e reza aos seus ancestrais para que o óleo afunde, será que ele afundará? Não, não afundará. O óleo com certeza flutuará na superfície". Isso porque o óleo tem uma densidade relativa menor que a da água.

Em resumo, a parábola ensina que os pecados leves flutuam naturalmente na superfície d'água, o que leva a pessoa para o Céu, enquanto as que têm pecados pesados, como uma pedra, irão naturalmente afundar. Em outras palavras, você não será salvo simplesmente por acender uma fogueira ou rezar aos seus antepassados. Não é um ensinamento que explique tudo, mas de certa forma cobre o ponto essencial. Quase todos os novos grupos religiosos da atualidade que estão desencaminhados estão equivocados em relação a este ponto.

Os erros dos cultos aos antepassados e da recitação de mantras, segundo os ensinamentos de Buda

a) Os problemas de grupos religiosos que se concentram apenas nos cultos aos antepassados e descartam a disciplina espiritual

Não vou mencionar o nome dele, mas um famoso escritor japonês, que foi também político, era fiel de certa religião. Ao que parece, recebeu mais de 1 milhão de votos de pessoas filiadas a esse grupo.

Os membros desse grupo têm foco bastante acentuado nos cultos aos antepassados. (Eu me pergunto se as pessoas estão cientes de que esse grupo – Reiyukai [literalmente, Associação de Amizade Espiritual] – na realidade é uma religião equivocada.) Não acho que os cultos aos antepassados em si sejam ruins. Mas esta religião simplesmente coloca a culpa de seus infortúnios em seus antepassados, fazendo afirmações como: "Mui-

Introdução ao Inferno

tas coisas ruins estão acontecendo com você, e seu negócio não está prosperando porque seus antepassados ainda estão perdidos". Dizem que é por causa de seus antepassados que sua família não vive em harmonia ou que membros dela morreram de doença ou de acidentes. Dessa forma, colocam toda a culpa nos antepassados e concluem que tudo o que você precisa fazer é realizar cultos aos antepassados, e que não precisa de nenhuma disciplina espiritual.

Não estou dizendo que os cultos aos antepassados sejam equivocados, mas, se você acha que será salvo simplesmente por realizá-los, está enganado. Porque essa maneira de pensar exime você da responsabilidade por seus pensamentos e ações. Mesmo assim, este grupo segue afirmando: "Faça mais cultos aos antepassados".

b) Os ensinamentos equivocados da Escola Nichiren e da Verdadeira Escola da Terra Pura do budismo

Existem várias seitas da Escola de Budismo Nichiren. Não posso generalizar porque algumas delas talvez tenham um entendimento correto dos ensinamentos de Buda, enquanto outras não. Mas alguns grupos afirmam: "Não importa o que aconteça, conflitos, falência ou assassinato, ou qualquer outro problema, simplesmente recite *'Namu-myoho-renge-kyo* (dedicar a vida ao Sutra do Lótus)'. O simples fato de entoá-lo irá salvá-lo de tudo isso". Mas como só entoar seria fácil demais, algumas pessoas dizem: "Sua recitação não é suficiente. Entoe-o 1 milhão de vezes".

Sem dúvida alguma, recitar *Namu-myoho-renge-kyo* 1 milhão de vezes exige muita disciplina. Recitar isso 1 milhão de vezes exige muita energia e esforço, ainda mais tendo de manter ao mesmo tempo a conta do número de vezes. Dessa forma, a religião faz seus seguidores acreditarem que a entoação irá resolver todos os seus problemas. Mas é preciso alertar que este ensinamento contém algumas mentiras.

O "*Namu*" de *Namu-myoho-renge-kyo* significa "jurar devoção" e "*Hokke-kyo*" ou "*Ho-renge-kyo*" corresponde a "Sutra do Lótus". Portanto, *Namu-myoho-renge-kyo* quer dizer "Eu juro devoção ao Sutra do Lótus".

A principal mensagem do Sutra do Lótus é o ensinamento de Buda: "Este mundo é feio e sujo, como o fundo de um pântano ou poça de lama. Mas de um ambiente imundo como este, um lótus ergue seu caule ereto. Mesmo numa poça lamacenta, o lótus desenvolve seu caule e faz brotar acima da superfície da água uma bela flor branca verdadeiramente celestial. Faz desabrochar uma flor inocente".

Assim, *Namu-myoho-renge-kyo* resume o ensinamento da seguinte maneira: "Mesmo que você viva neste mundo corrupto e sujo, mantenha a mente pura e deixe sua flor de lótus brotar magnificamente". É isso

Introdução ao Inferno

o que esta frase diz, e não há nada de errado em recitar "*Namu-myoho-renge-kyo*", se você tem essa compreensão.

Este mundo é como um pântano lamacento,
um mangue, um brejo.
Estamos num mundo corrupto.
Saiba disso. Encare isso.
Veja, estamos num mundo de sofrimento.
Veja, estamos num mundo de tristeza.
Mas, mesmo num mundo assim,
Podemos fazer uma flor de lótus desabrochar.
Esta é a prática do budismo.
Viva tendo isso sempre em mente.
É este o sentido de jurar devoção aos Corretos Ensinamentos.

Se você compreender isto, saberá como deve viver. Este mundo é cheio de tentações que levam a vários males ou podem corrompê-lo. No entanto, não se deixe absorver por eles. Deixe que brote uma flor branca e pura. Deixe que um magnífico lótus floresça. Almeje uma vida assim.

Em certo sentido, este mantra *Namu-myoho-renge--kyo* resume bem a essência do budismo. Se você tem este nível de compreensão do mantra, então não há problema em entoá-lo.

Outros grupos que pertencem à Verdadeira Escola da Terra Pura do budismo entoam *Namu-Amida-Butsu*

(*Namo Amitaba Buda*) em vez de *Namu-myoho-renge--kyo*. Como eu disse, "*Namo* (*Namu*)" significa "jurar devoção", portanto este canto diz: "Juro devoção a Buda Amitaba".

Buda Amitaba é o Buda que salva – o aspecto que enfatiza a salvação e misericórdia oferecidas por Buda Shakyamuni. Ao ser acolhido por Amitaba, você se une a Ele ao abandonar tudo o que tem. Dedica seu ser e sua vida a Amitaba e se tornam unos. Então, concentra sua vontade em Amitaba e se une totalmente à Sua Vontade.

O sentido original de *nen'butsu* não é apenas o de recitar verbalmente "Namo Amitaba Buda". Significa contemplar (*nen*) Buda (*butsu*). Em outras palavras, é visualizar Buda na sua mente e contemplá-lo. Mas como isso é um pouco difícil de fazer, muitos grupos religiosos utilizam um *gohonzon* (um item sagrado que representa o objeto de fé) para representar Buda. Geralmente é uma estátua ou pintura de Buda ou algo do gênero. Você recebe um *gohonzon* como substituto e reza para se tornar uno com Buda, sintonizando a vibração da sua mente com o *gohonzon*.

Você reza mentalmente: "Sou uma pessoa com muitos pecados, mas entrego tudo a Buda. Deixo tudo por conta da Sua Vontade", e se torna uno com Buda. Na meditação, você visualiza Buda vividamente em sua mente, desejando tornar-se uno com Buda. Ao fazer

Introdução ao Inferno

isso, aguarda sua morte pacífica e seu renascimento na terra da Suprema Felicidade.

Essa ideia em si não é errada. Porém, será equivocada se você fizer mau uso dela e exagerar dizendo: "Seja qual for o crime que cometer, você será salvo apenas ao entoar *Namo Amitaba Buda*" ou "Você será salvo simplesmente por pensar '*Namo Amitaba Buda*'".

Suponha que um homem usando uma máscara de palhaço e portando uma metralhadora, como o Coringa, o arqui-inimigo do Batman, cometa vários crimes, como assaltar bancos, matar pessoas ou atear fogo à pilha de dinheiro que ele roubou. Imagine se as pessoas pensarem: "Tudo bem, não há problema nenhum, ele poderá ser salvo, basta entoar *Namo Amitaba Buda*". Certamente, isso está errado. Se *Namo Amitaba Buda* for utilizado para incentivar as pessoas a cometer crimes, será um ensinamento religioso obviamente equivocado.

Atos de salvação às vezes podem se tornar inválidos, como na história *A Teia de Aranha*

Quando uma pessoa que cometeu muitos pecados consegue recondicionar sua mente e mudar totalmente de atitude, chamamos isso de *conversão*.

Você dirige de maneira imediata sua mente a Buda e almeja se tornar uma pessoa capaz de ser acolhida pela grande misericórdia de Buda. Você se esforça para ter, a partir de agora, uma vida no caminho correto e acredita em Buda. Todos os dias, visualiza Buda em sua mente. Este é o significado de *nen'butsu*.

Portanto, pense em Buda e viva em sintonia com a Vontade de Buda. Evite ter uma vida que o leve a se sentir envergonhado diante de Buda.

Ao experimentar uma conversão, mudar no mesmo instante seu coração e entrar no caminho correto, uma mão salvadora será estendida a você. Isso pode acontecer, e não há nada de errado nisso.

Mas há exceções, é claro. Por exemplo, existe um pequeno conto intitulado *A Teia de Aranha*, de Ryunosuke Akutagawa, que retrata muito bem um aspecto da Verdade.

Na história, Buda Shakyamuni – embora na realidade se trate do Buda Amitaba – está no Céu caminhando ao redor de um lago onde há uma flor de lótus. Ele olha para o lago e enxerga o fundo. É uma metáfora que explica de maneira fácil de entender que um grande *tathagata* é capaz de ver o que está acontecendo nos mundos inferiores por meio de sua clarividência.

Buda olha para o lago e vê o Inferno. No Inferno da Luxúria, também conhecido como Inferno do Lago de Sangue, vê um homem chamado Kandata que está sofrendo, afogando-se no mar de sangue.

Há muitos outros espíritos perdidos que também estão ali sofrendo.

Introdução ao Inferno

Aos olhos de Buda – que é, de certo modo, onisciente e onipotente – fica evidente que tipo de pessoa você é; com apenas uma rápida olhada ele consegue ver espiritualmente toda a sua vida, e também suas vidas passadas. Apesar de Kandata ser uma pessoa muito má e de ter cometido diversas maldades, Buda viu que ele fez uma coisa boa durante sua vida – certo dia, Kandata caminhava por uma rua e viu uma aranha no chão. Se continuasse a caminhar, acabaria pisando nela e esmagando-a, mas sentiu pena e permitiu que ela passasse sem pisar nela.

Buda pensa: "Kandata fez uma boa ação. Fora isso, ele foi um completo vilão, mas uma vez demonstrou compaixão por um ser vivo. Ele teve um resquício de misericórdia. Merece que lhe seja oferecida salvação por esse único ato". Então, Buda faz descer um fio de teia de aranha pelo lago do lótus no Céu, para salvar Kandata do Inferno do Lago de Sangue.

Um fio de teia de aranha é uma descrição perfeita. É uma ideia refinada, própria do estilo de Akutagawa. De fato, é um fio muito frágil, finíssimo, que dá a impressão de poder se romper a qualquer momento. O fio é baixado devagar até pender diante de Kandata, que está se afogando no Inferno.

"Oh, um fio de teia de aranha desceu até aqui!", pensa Kandata, e se agarra a ele. Tem receio de que o fio se parta, mas vê que é resistente como uma linha de pescar, e começa a subir por ele.

Vai subindo e subindo, cada vez mais ansioso para chegar ao topo, pensando: "Se conseguir subir mais um pouco vou escapar daqui e chegar ao Céu". Mas, ao olhar de relance para baixo, vê outros espíritos que também se agarram ao fio, um atrás do outro.

Infelizmente, Kandata não tem fé suficiente. Ele acha que aquele único fio só pode salvar o próprio Kandata. O Homem-Aranha salva seus amigos e sua namorada com seu fio, que é muito forte e aguenta sem problemas o peso de várias pessoas. Mas Kandata não consegue acreditar que um fio tão fino consiga carregar vários espíritos. Ele pensa: "Se o fio se romper, será meu fim. Este fio de teia de aranha é meu".

Kandata talvez tivesse razão. Mas na hora em que grita: "Ei, vocês, tirem as mãos! Ou então ele vai se partir!", o fio se rompe logo acima das suas mãos, e tanto ele quanto os demais caem de volta no Inferno do Lago de Sangue. Então, como se nada tivesse acontecido, Buda retoma sua caminhada em torno do lago, e logo dá meio-dia.

Como escritor, Akutagawa demonstrou um talento impressionante para resumir esta Verdade por meio de uma história curta e simples. Acho que Akutagawa conseguiu entender até certo ponto a essência dos ensinamentos de Buda Shakyamuni.

O que a história diz é que não basta ter alguns momentos de fé e desejar entrar no caminho correto. Se você deseja intensamente salvar apenas a si mesmo e pensa:

Introdução ao Inferno

"Não me importo com o que acontece com os outros. Desde que eu consiga me salvar, tudo bem", então essa mão amiga pode se tornar "inválida".

Digamos que você vai a um santuário ou templo e pega um papel da sorte e nele está escrito que você receberá uma "grande bênção". Você pode pensar: "Nossa, que coisa boa, tirei uma 'grande bênção'. Mas quero que ela seja só para mim e que ninguém mais tire uma sorte igual". Então, você decide agir para que não haja nenhuma outra tira com a frase "grande bênção" e entra no santuário ou templo, abre cada uma das tiras de papel que encontra ali e, naquelas em que está escrito "grande bênção", reescreve "futura bênção" ou "pequena bênção". Com isso, preserva a tira de "grande bênção" apenas para si.

Imagine uma pessoa assim. Não seria vergonhoso? Algumas pessoas talvez pensem: "Não suporto a ideia de outras pessoas serem felizes. Só eu devo ser feliz". Mas pessoas com esse tipo de pensamento são tão egocêntricas que não vale a pena serem salvas. Imagino que você concorda com isso.

Quanto mais você pratica boas ações, mais leves ficam seus pecados. Mas, se você se torna competitivo e egoísta demais a ponto de rebaixar os outros ou tentar prejudicá-los para que só você obtenha felicidade, então sua chance de ser salvo fica "invalidada". Seu empenho em buscar a Verdade ou sua mente convertida perde-

55

rá sentido. Por favor, saiba disso. Trata-se de um ponto fundamental.

Como eu disse antes, esta é a regra geral: uma pedra vai para o fundo do lago e o óleo flutua na superfície. Em outras palavras, se você viveu com bons pensamentos e boas ações, irá naturalmente para o Céu. Porém, se cometeu crimes ou viveu com muitos pensamentos e ações ruins, afundará até "o fundo do lago".

Introdução ao Inferno

6
Como seus pecados serão julgados após a morte?

Todas as coisas erradas que você fez serão mostradas no Espelho Refletor da Vida

Uma das razões pelas quais o Céu e o Inferno existem é para impedir que as pessoas escapem das malhas ou das regras do mundo espiritual, mesmo que tenham conseguido escapar das malhas da lei deste mundo e acreditem que se deram bem.

Neste mundo terreno, há pessoas que cometem um assassinato e recebem pena de morte, pegam prisão perpétua ou são condenadas a vinte anos de cadeia, por exemplo. Essas pessoas que pagaram por seus crimes enquanto estavam vivas terão seus pecados levemente reduzidos. Não se sabe se ficarão totalmente isentas de punição adicional, mas seus pecados serão um pouco atenuados. Por outro lado, há pessoas que cometem crimes neste mundo, mas não são pegas. Elas podem pensar: "Consegui me safar. Que alívio! Mantive o *status* de honra da minha carreira até o fim". No entanto, Enma[1] existe de fato no outro mundo, e irá expor todos os atos pecaminosos dessas pessoas.

Desde tempos antigos existe o Espelho Refletor da Vida. Atualmente, talvez ele seja mais parecido com uma

As Leis do Inferno

tela de cinema ou de tevê ou um DVD do que com um espelho. Ele mostra os momentos significativos da sua vida, um após o outro. Você mesmo irá assistir e não terá escolha a não ser refletir a respeito de como viveu. Então, com base nessas "evidências", lhe será perguntado: "O que *você* acha de uma pessoa como esta?". Durante a projeção, seus parentes, amigos e outras pessoas que morreram antes de você também estarão presentes, como um júri, e darão suas opiniões também. Sua vida será mostrada até você conseguir aceitá-la e pensar: "Bem, acho que é o caso de ir para o Inferno". Então, começará uma "excursão pelo Inferno". É isso o que acontecerá com você. Portanto, mesmo que consiga escapar das malhas da lei deste mundo, como o Código Penal, não poderá fugir disso.

Mesmo que você acredite na existência do Céu e do Inferno, talvez imagine que só criminosos vão para o Inferno. Ou que, além dos criminosos, podem ir para lá também pessoas que violaram o Código Civil, como as que se recusaram a pagar suas várias dívidas e fugiram. Existem, porém, algumas leis deste mundo que estão equivocadas; há até leis que foram feitas exclusivamente para favorecer partidos políticos a vencerem eleições. Por isso, não podemos afirmar que todas as leis estão certas.

Os seres humanos tendem a pensar que aqueles que vivem dentro da lei são bons, e aqueles que não respeitam as leis são maus. Podemos dizer que em primeira instân-

Introdução ao Inferno

cia isso é verdade. Mas não temos certeza se as leis na China ou na Coreia do Norte, por exemplo, são de fato certas; neste caso, há espaço para considerações. De qualquer modo, as transgressões que não foram julgadas pelas leis terrenas serão julgadas no outro mundo.

Em termos simbólicos, existem seres conhecidos como Enma-sama ou Grande Rei Enma e os executores (*onis*). As pessoas costumam pensar que os executores vermelhos e azuis são meros personagens de contos antigos, mas nossas recentes mensagens espirituais do "Executor Vermelho" provam que eles existem de fato – são entidades reais. É bem possível que aos olhos dos pecadores eles tenham a aparência de *onis* vermelhos e azuis, mas provavelmente parecerão completamente diferentes para as demais pessoas. Os executores podem ter a aparência de promotores, enquanto o Grande Rei Enma pode parecer um juiz. Em lugares como o Inferno, o mundo parece diferente de acordo com a mente de cada pessoa. O que você vê pode não ser o que realmente é, mas um veredito com certeza será proferido.

A "excursão pelo Inferno" também é real. Existem vários Infernos, um número muito grande, cada um correspondendo ao pecado que foi cometido. Você percorrerá todos eles, um por um. Mesmo agora, nos anos 2000, tenho dito que isso é verdade. Não há praticamente ninguém hoje que tenha condições de afirmar isso, então preciso dizer isso pessoalmente.

As Leis do Inferno

É importante ter fé, mas é claro que só a fé não é tudo. Ela é importante porque o ajuda a seguir na direção certa, mas isso não significa que: "Contanto que tenham fé, todos irão para o Céu".

No entanto, isso é o que o cristianismo costuma ensinar, dizendo: "Se você tiver a fé cristã, irá para o Céu. Se não tiver a fé cristã, irá para o Inferno". Mas, ao ouvir isso, as pessoas começaram a questionar: "Se for de fato assim, e aqueles que viveram antes do cristianismo? Não serão salvos?". Para resolver essa questão, o cristianismo introduziu a ideia de "purgatório".

O purgatório equivale ao que os japoneses chamam de "Inferno". No Japão, as pessoas acreditam que as almas no Inferno podem voltar para o Céu se refletirem profundamente sobre si mesmas e expiarem seus pecados. Portanto, aquilo que as pessoas no Japão concebem como Inferno corresponde em grande parte ao purgatório. Por outro lado, as igrejas cristãs referem-se ao "purgatório" como o lugar de onde as almas podem voltar ao Céu depois que se arrependem, e o "Inferno" é visto como um mundo do qual as almas nunca poderão ascender.

Na realidade, este último tipo de Inferno realmente existe. As almas que se tornaram demônios têm menos probabilidade de subir aos Céus. Os que se tornaram demônios ou caíram no Inferno Abismal – um lugar que equivale ao fundo do poço mais profundo – não conseguirão sair tão facilmente. E aqueles que cometeram cri-

Introdução ao Inferno

mes ideológicos e desencaminharam muitas pessoas não poderão mais sair. Há casos assim, e este é um conhecimento que eu quero que você assimile.

Pessoas mergulhadas no materialismo com frequência acabam se tornando espíritos presos à Terra

Há muito mais a dizer sobre os diferentes aspectos do Inferno, e não posso falar sobre todos aqui. Mas gostaria de acrescentar um novo ponto.

Muita gente pode pensar: "Quando as pessoas morrem, elas deixam este mundo e vão para um lugar totalmente diferente – que pode ser o Céu ou o Inferno".

Mas hoje em dia há um grande predomínio do pensamento materialista e científico, e o sistema educacional ensina isso, então, um número imenso de pessoas acredita que o outro mundo não existe. Para aqueles que não acreditam no outro mundo, não há Inferno nem Céu. Por isso, não têm para onde ir depois que morrem. E como não têm para onde ir, este mundo tridimensional, conhecido como mundo fenomênico, acaba sendo o único lugar onde podem residir. Não são capazes de reconhecer nem o Inferno nem o Céu, então continuam a ficar aqui, neste mundo.

Essas almas seguem acreditando que ainda moram neste mundo tridimensional. Elas pensam: "As pessoas simplesmente não conseguem ouvir minha voz", "Não entendo por quê, mas agora posso atravessar paredes", "Por alguma razão, parece que nunca esbarro nas pessoas e acabo passando através delas" ou "Estou agora num mundo misterioso, mas é provável que esteja doente ou então tendo alucinações". Há muitas almas nessas condições, e esse número tem aumentado tremendamente. Podemos dizer que este é também um tipo de Inferno. Portanto, o Inferno não existe independente deste mundo. As almas que foram julgadas más estão no Inferno, mas aquelas que não têm consciência da própria morte e permanecem neste mundo estão também numa espécie de Inferno. Por favor, compreenda isso desta maneira. Existem, na realidade, muitas almas assim.

Algumas tornam-se espíritos presos à Terra e assombram lugares como hotéis, escolas ou travessias de ferrovias onde cometeram suicídio. Outras podem possuir a pessoa que as atropelou num acidente de carro. Dessa forma, existem muitos espíritos cometendo diversas maldades. Trata-se do Inferno neste mundo. A maneira como eles estão vivendo é o mesmo que estar no Inferno. É bom que você saiba disso.

Neste capítulo, "Introdução ao Inferno", apresentei uma visão geral do Inferno. Agora, eu gostaria de entrar em mais detalhes sobre cada ensinamento.

Concluo assim este primeiro capítulo.

CAPÍTULO DOIS

As Leis do Inferno

— O julgamento de Enma
aguarda você após a morte

As Leis do Inferno

1
O pensamento de Enma que as pessoas de hoje deveriam conhecer

Em princípio, aqueles que não têm fé irão para o Inferno

Este capítulo, "As Leis do Inferno", é provavelmente um dos mais importantes desta obra. O título pode soar muito amplo e difícil, porém, dito de outro modo, procura ilustrar o pensamento de Enma. Quero falar de algo que lhe será muito útil, pois trata-se de como você realmente será julgado após a morte.

Em geral, nosso mundo assume o princípio da legalidade, segundo o qual a lei indica o tipo de punição que você receberá por determinadas ações que realizar. Assim, quem viola essas leis costuma ser enquadrado como criminoso. No entanto, como as pessoas hoje em dia além de terem perdido a fé não se preocupam com a Verdade religiosa nem dão muita atenção a princípios morais, talvez sejam poucos os que se interessem em ouvir coisas do tipo: "Se você fizer tal ou qual coisa, irá para o Inferno".

Para a maioria das pessoas de hoje, o Inferno provavelmente são os próprios acontecimentos negativos pelos quais elas passam neste mundo. Por exemplo, infortúnios como perder o emprego, ter uma desilusão amorosa, sofrer violência ou ser morto são vistos como um "inferno" e sentidos como se a pessoa tivesse se "envolvido numa situação infernal".

A verdade, porém, é que estamos todos destinados a morrer. Não há exceção a isso. Na era moderna, você pode chegar a viver até os 120 anos na melhor das hipóteses, mas ninguém escapa da morte; todos os que nascem definitivamente morrem. Por maiores que sejam os avanços da medicina, ela não consegue derrotar a morte – jamais. É possível adiar a morte das pessoas ou melhorar sua condição temporariamente, mas é impossível impedir que um ser humano morra. A única maneira de haver humanos imortais seria criar algo como robôs eternos, mas mesmo os robôs podem quebrar, ficar sem combustível ou enfrentar outros problemas e ficar inoperantes.

A grande maioria dos animais tem um tempo de vida mais curto que os humanos, portanto é provável que presenciemos a morte de vários animais, inclusive dos nossos bichinhos de estimação, como cães e gatos, ao longo de nosso tempo de vida. Também assistimos à morte dos animais que se tornam parte de nosso alimento. Para citar um exemplo familiar, mesmo as crianças que durante o verão capturam e colecionam insetos como besouros e lucanos acabam entendendo o significado simples da morte ao vê-los morrer.

As Leis do Inferno

Então, surge a pergunta: o que você deve fazer ou como deve lidar com essa questão? O primeiro ponto essencial é este: aqueles que não têm fé, em princípio, vão para o Inferno. Quando falo em fé, não me refiro especificamente a pertencer a alguma seita ou religião em particular. Pessoas com fé podem ser aquelas que acreditam de fato na existência de Deus ou de Buda, em espíritos elevados, anjos de luz e *bodhisattvas*, não importa se elas expressam isso claramente em palavras ou não. Podem ser também aquelas pessoas que pensam: "Talvez aqueles que fizeram coisas erradas vão mesmo para o Inferno. O modo de vida apropriado para os humanos é fazer boas coisas, e é preferível que as pessoas boas vivam felizes no outro mundo". Na hora em que se profere o veredito e se decide se a pessoa irá para o Céu ou para o Inferno, aquelas que não têm essas crenças religiosas basicamente irão para o Inferno.

Religiosos profissionais sem fé e ignorantes vão para o Inferno

Estamos entrando numa era em que as pessoas acabam usando maneiras terrenas para resolver tudo, e isso está causando problemas.

Por exemplo, algumas pessoas acham que recitar um sutra tem a ver apenas com o som que é produzido. Hoje, existem agências que gravam um monge habilidoso recitando um sutra, programam essa gravação em robôs e então os despacham para os funerais no lugar dos monges. Elas fornecem esses serviços, cujo preço varia de acordo com a extensão do sutra. Cobram, por exemplo, cerca de 200 mil ienes (cerca de 1.400 dólares) por uma hora, e dizem aos clientes: "Veja bem, você pagaria entre 1 e 2 milhões de ienes (cerca de 7.000 e 14.000 dólares) se contratasse um monge de verdade, ou até mesmo 3 ou 4 milhões de ienes. Nosso serviço sai mais em conta". Ou seja, essas agências se consideram uma loja de descontos e trabalham como uma prestadora de serviços comum.

No entanto, todos os envolvidos na prestação desse novo serviço – que inclui os desenvolvedores dos robôs, o pessoal de vendas, os fornecedores, assim como os clientes que compram o serviço –, serão mandados para o Inferno. Definitivamente, eu não vou perdoá-los. Aqueles que trabalham nesse tipo de negócio estão cedendo a valores materialistas do mundo para sobreviver; ou seja, ignoram a existência do mundo espiritual e a essência da Verdade Búdica, e transformam as cerimônias religiosas em tarefas mundanas. Nunca aceitarei isso. Recitar um sutra é diferente de um músico tocar ou cantar uma canção, portanto não deve ser tratado da mesma maneira.

Existe um mérito virtuoso quando um sutra é recitado por alguém que entende a sua essência; os mortos são encaminhados para o Céu, ou um anjo guia ou *bodhisattva* pode vir enquanto o sutra está sendo recitado. Entretanto, se ele é recitado por alguém que não tem uma compreensão mínima daquilo de que trata o sutra, mesmo que seja um monge profissional, então sua recitação não tem qualquer efeito. Se esses monges não acreditam na existência do outro mundo nem no mérito virtuoso de um sutra, nem compreendem seu conteúdo, e estão ali apenas realizando seu trabalho como se fosse uma tarefa qualquer, então não diferem em nada de um médico inepto. Basicamente, até os monges vão para o Inferno se não têm fé ou quando dizem mentiras ou enganam as pessoas.

O mesmo vale para os pastores e padres de igrejas. Alguns não têm fé; mesmo assim, assumem uma igreja como se fosse um negócio familiar para contar com um ganha-pão e poder sustentar a família. Os pastores têm permissão para casar e ter filhos, porque precisam de filhos para assumir sua profissão, mas nem todos que abraçam esta atividade têm fé. Alguns simplesmente formam-se em alguma faculdade de teologia como uma mera praxe e aprendem a respeito de Deus para dispor de um meio de sobrevivência. Infelizmente, esses "profissionais" que fazem da religião uma carreira sem conhecer sua essência irão para o Inferno. Não irei perdoá-los.

Na realidade, há indivíduos realizando trabalhos desse tipo no Inferno, porque há muitas almas ali que ainda esperam ser salvas. Pregam falsas doutrinas também no Inferno e confundem aquelas almas, prolongando assim sua permanência ali em vez de salvá-las. Em princípio, não irei perdoá-los. É preciso que eles enfrentem consequências mais duras. Se continuarem desencaminhando as pessoas mesmo depois de elas terem ido para o Inferno, esses religiosos irão parar ainda mais fundo, num mundo ainda mais doloroso. É isso o que irá acontecer.

Portanto, primeiro, você será severamente julgado para que avalie se tem fé ou se tem algum tipo de crença ou estado mental que apesar de não ser exatamente fé seja algo semelhante.

O tribunal de Enma tem os registros de todos os pensamentos, ações e diálogos interiores que você teve na vida

Em seguida, você irá rever sua vida como ser humano, e seus pensamentos e ações serão examinados. As ações são relativamente mais fáceis de julgar do que os pensamentos. As leis e regulamentos deste mundo determinam o que você não deve fazer, por exemplo, como crimes ou ações ilegais. Portanto, são algo bastante óbvio.

No entanto, existem outros erros que as pessoas cometem ao pensar: "Não tem problema, desde que ninguém fique sabendo". Mas mesmo esses atos que as pessoas imaginam que passaram despercebidos pelos outros

As Leis do Inferno

serão todos eles expostos após a morte. A vida da pessoa será exibida no Espelho Refletor da Vida ou, então, como uma espécie de videoclipe dos eventos de sua vida, e em seguida ela será informada dos pontos sobre os quais precisa refletir e se arrepender de ter feito.

Mas não são só as coisas erradas que serão julgadas. No tribunal de Enma, tanto as boas ações quanto as más são revisadas. É feita uma comparação e depois é proferido um veredito com base no peso relativo das duas.

Portanto, mesmo uma pessoa que cometeu um assassinato será vista com certo grau de tolerância se já tiver sido sentenciada de modo adequado na Terra e conseguido se reabilitar durante seu longo período na prisão, ou se tiver trabalhado diligentemente e recomeçado sua vida ao voltar ao convívio social. O mesmo vale para criminosos executados. Na maioria dos casos, não serão capazes de voltar direto para o Céu, mas, ao se arrependerem de sua vida e compreenderem que falharam como seres humanos, irão para um local que é uma espécie de centro para autorreflexão, onde receberão orientação para que pratiquem a reflexão durante um certo período de tempo. Após esse período, há alguns que conseguem ascender aos Céus.

Em outros casos, porém, o Juiz Especial do Inferno não irá ignorar aqueles que agem mal e pensam: "Está tudo certo, porque ninguém ficou sabendo o que eu fiz".

É o caso de indivíduos que cometeram um assassinato,

um assalto ou outro crime, mas ninguém ficou sabendo, ou pessoas que agiram nos bastidores e não foram pegas, ou cometeram furtos, roubos e outros atos criminosos e se safaram de serem presas pela polícia ou serem julgadas pela lei. Há também criminosos espertos que usaram outras pessoas para cometer seus crimes, e depois fingiram que não tinham nada a ver com elas e, portanto, não foram pegos. Mas o julgamento de Enma não deixa *nunca* que essas pessoas fiquem sem punição.

No nosso mundo, uma pessoa não pode ser condenada quando não são encontradas provas contra ela, mas no tribunal de Enma todas as provas são exibidas espiritualmente, porque tudo o que você fez e pensou durante sua vida como ser humano está registrado. E à medida que for vendo os registros, perceberá que a maioria deles foi registrada da perspectiva de seu espírito guardião. Alguns registros são feitos a partir do seu ponto de vista, mas o fato de você poder ver a si mesmo na tela significa que havia alguém observando-o da perspectiva de uma terceira pessoa. Então, você pode supor que, em geral, o espírito guardião de cada pessoa filma e grava a vida dela. E esses registros incluem até sua voz interior.

Será mostrada a você uma versão resumida desse registro, e é por meio dela que sua vida inteira será revista. Assim, as evidências serão apresentadas a você no outro mundo, mesmo que neste nosso mundo você não tenha sido condenado porque não foram obtidas informações pela investigação policial, pelo depoimento de testemunhas ou por sua própria confissão. Às vezes, é a polícia forense que precisa encontrar as provas científicas que demonstram sua culpa.

No outro mundo, porém, todas as evidências serão apresentadas diante de você. Mesmo que se esqueça das várias coisas à medida que envelhece, você irá se lembrar de cada uma delas ao retornar ao outro mundo após a morte.

Ali, o tempo é medido de forma bem diferente da marcada pelo relógio aqui no nosso mundo. Você já deve ter ouvido relatos de alpinistas que, durante uma queda, veem *flashbacks* de toda a sua vida em questão de segundos, antes de caírem no solo. É mais ou menos assim. Se você viveu 60 anos, não serão mostrados a você os 60 anos inteiros de sua vida na Terra, mas apenas uma série de pontos importantes que precisam ser examinados. Dessa forma, sua vida inteira será examinada em um período de tempo extremamente curto.

Portanto, o tribunal de Enma, realizado antes que as pessoas sejam enviadas ao Inferno, é um julgamento justo. Cada coisa que as pessoas pensam e fazem neste mundo está registrada, sem exceção.

Esses registros também existem dentro de sua própria alma. No passado, utilizei a expressão "fita do pensamento" para descrever esses registros. É como um gravador de fita. Todos os seus diálogos internos e ações que realiza são registrados como se estivessem sendo filmados, portanto qualquer um que possa ler a fita do pensamento será capaz de dizer imediatamente que tipo de pessoa você é.

Os discos de vinil eram muito populares no passado. Só que você precisava pôr o disco para tocar, ouvir durante um certo tempo a música gravada para então ter uma noção do tipo de música de que se tratava. Mas, segundo as leis do outro mundo, é possível dizer de imediato qual é o "tipo de melodia" que caracteriza a pessoa, bastando simplesmente olhar para os sulcos desse seu "disco de vinil". Em particular, os espíritos de níveis superiores ou espíritos elevados são capazes de ler isso instantaneamente e saber como a pessoa conduziu sua vida.

Se a pessoa que está sendo julgada ainda não estiver convencida de seu veredito, então seus conhecidos falecidos, como amigos, parentes ou, ainda, suas vítimas, podem ser convidados a comparecer espiritualmente. Quando algum conhecido do "réu" ainda está vivo, então o espírito guardião dele pode ser convocado como testemunha. Nessa hora, podem lhes perguntar: "Ele acabou de afirmar tal e tal coisa. É verdade?". Uma investigação desse tipo certamente será conduzida.

Digamos que uma pessoa tenha deixado de pagar seu aluguel durante vários anos e assassinado a proprietária da casa, que vivia lhe cobrando a dívida, como no romance *Crime e Castigo*. Mesmo que a investigação policial não tivesse conseguido descobrir o assassino, Enma poderia

As Leis do Inferno

convocar o espírito da proprietária e fazer uma acareação com o assassino. Então, Enma perguntaria: "O que aconteceu de fato?". E o espírito da proprietária responderia: "Sim, esta pessoa me matou. Tenho certeza de que foi ela". Em casos assim, a evidência é clara. E então a cena do crime será exibida ao assassino.

Ou seja, não há como você escapar das coisas erradas que fez.

Qual o ponto importante a guardar aqui? Na realidade, como ser humano, é difícil viver sem fazer nada de errado. A vida é um caderno de exercícios, cheio de problemas a serem resolvidos. Nesse sentido, ter feito coisas erradas significa que você cometeu erros ao tentar resolver seus problemas. E erros acontecem. Mas o importante é conseguir nota suficiente para ser aprovado.

Talvez você perca alguns pontos, mas deve almejar aumentar sua pontuação e conseguir uma nota boa para ser aprovado na vida.

Você acha que está levando uma vida adequada quando a examina à luz da fé, à luz da lei deste mundo ou da moral humana? O que seus pais achariam? O que seus vizinhos diriam? O que seus colegas de trabalho pensariam a esse respeito? O que uma pessoa com uma consciência mais elevada pensaria? Considere esses pontos.

As Leis do Inferno

2
O pecado de criminosos ideológicos é grave

A incorreta expressão receberá um veredito duro

Os julgamentos deste mundo terreno contêm muitos erros. Por exemplo, algumas revistas semanais de fofocas acham que estão fazendo o papel de Enma neste mundo. Com base nessa crença, elas tentam caçar os erros das pessoas. Alguns de seus artigos podem ter fundamento, então a sentença delas poderia ser atenuada, mas elas também publicam artigos muito equivocados. Acham que devem agir como Enma, mas se continuarem rebaixando ou ferindo as pessoas ou fazendo pressão para que percam seu emprego publicando histórias improcedentes, então irão para o Inferno. Cerca de 90% dos editores-chefes das revistas semanais, assim como os diretores e os responsáveis por decidir quais matérias devem ter destaque nos programas de televisão ou nos noticiários, acabam indo parar no Inferno.

Hoje, a democracia se assenta na opinião pública, mas quando a própria opinião pública está errada, torna-se uma "democracia falha". É por isso que atualmente a população do Inferno está crescendo tanto. É, sem dúvida, problemático. Além disso, em muitos casos, depois que as pessoas vão para o Inferno é praticamente impossível con-

As Leis do Inferno

vencê-las de seus erros. Portanto, estamos realmente com problemas. Elas são doutrinadas com ideias equivocadas porque aqueles que têm autoridade para emitir julgamentos neste mundo estão eles mesmos equivocados.

Não creio que muitos professores universitários cometam crimes neste mundo; no entanto, se eles ensinam ideias equivocadas, seus alunos ficam "contaminados", e essa "contaminação" continuará a se espalhar para as próximas gerações. Isso é considerado "crime ideológico", e seu pecado é mais grave do que se imagina. Vários crimes neste mundo, como os assassinatos e roubos, são bem fáceis de identificar, mas quando se trata de crimes ideológicos, a identificação é mais difícil.

Embora a Constituição japonesa defenda a liberdade de pensamento e a liberdade de expressão, será que essa liberdade particular de dizer coisas equivocadas deveria continuar a ser defendida? Com certeza este aspecto merecerá um veredito severo. Aqueles que arrastam muitas pessoas para a infelicidade ou as induzem a tomar a direção errada serão naturalmente responsabilizados.

Novos tipos de Inferno: o Inferno dos jornais, da tevê, das revistas semanais e da internet

Hoje, vivemos na "sociedade da internet", e usuários anônimos escrevem nela muitos comentários baseados no ódio, causando um grande tumulto online. No Japão, os legisladores já vêm discutindo isso, mas a legislação nesse setor está muito desatualizada. Essa também é uma questão urgente no Inferno que está sendo pesquisada atualmente.

Há pessoas que fazem comentários difamatórios ou criticam os outros pela internet. Escrevem comentários que elas não diriam ou que seria inadequado dizer pessoalmente, cara a cara. E escrevem coisas a respeito de uma pessoa que seriam inaceitáveis de se dizer na presença de outras pessoas. Por meio da internet, sentem-se encorajadas a humilhar os outros ou incriminá-los. Mesmo aqueles que fazem uso dessa "violência verbal" protegidos pelo anonimato serão agora julgados como novos tipos de criminosos.

Os Infernos tradicionais somente não conseguem mais dar conta de tais crimes. Para ser mais específico, os novos tipos de Inferno que estão começando a se formar são: o Inferno dos jornais, o Inferno da tevê, o Inferno das revistas semanais e o Inferno da internet. Cada um desses Infernos exige especialistas; portanto, seus juízes são pessoas com algum conhecimento especializado nos assuntos pertinentes.

Hoje em dia, as pessoas não se limitam a mentir ou ofender os outros; cometem crimes maiores e mais sistemáticos fazendo uso dos computadores. Por exemplo, os *hackers* roubam dados de empresas ou de países estrangeiros e os utilizam ilegalmente. Também usam compu-

As Leis do Inferno

tadores para roubar os ativos de outras pessoas que estão depositados num banco estrangeiro. Tais pessoas serão pegas se houver evidências, mas muitas delas têm extrema habilidade e não deixam vestígios de suas ações. Também têm circulado moedas relacionadas ao computador. Essas moedas podem ser permitidas desde que haja um senso de confiança, e que seus desenvolvedores e operadores tenham mentalidade correta e trabalhem para apoiar as atividades econômicas das pessoas com base em boas intenções e confiabilidade.

No entanto, estão sendo criadas várias criptomoedas simplesmente como um tipo de fraude ou se utiliza o dinheiro eletrônico para cometer vários crimes. O Inferno para onde vão esses indivíduos é diferente, e é mais complexo. Portanto, embora eu tenha usado antes a expressão Inferno da internet, o que está se formando agora é o ciberinferno, ou Inferno do ciberespaço. E também estão surgindo especialistas relacionados a esses Infernos.

Surpreendentemente, como há muita gente hoje trabalhando nessas áreas, o número desses especialistas é razoável. Então, estamos convocando alguns que têm espírito decente e mentalidade correta. Ensinamos a eles as regras básicas do tribunal de Enma para que julguem as várias questões, e perguntamos: "Com base em sua experiência, acha que essa pessoa fez a coisa certa ou não?".

Assim, alguns espíritos com competência no campo CTEM (ciência, tecnologia, engenharia e matemática) estão sendo convidados a comparecer e ajudar no tribunal de Enma. Isso porque os velhos conceitos do passado não são suficientes para julgar os crimes atuais, e alguns crimes ainda nem sequer foram definidos como crimes. Esses julgamentos precisam ser realizados.

A agência de Enma nunca perdoa criminosos ideológicos influentes

Dessa maneira, o Inferno está ficando extremamente complexo. Falei há pouco sobre pensamentos e ações, e essas duas coisas estão interligadas. Portanto, por favor, primeiro reflita sobre seus pensamentos em relação aos seguintes pontos.

O primeiro é a gana, ser ganancioso ou *greedy*, em inglês. Algumas pessoas são muito gananciosas, mais ou menos como aquele casal ganancioso de idosos dos contos folclóricos japoneses. Uma pessoa gananciosa deve receber um "cartão vermelho".

Em seguida vem a ira. Há pessoas que não conseguem controlar sua ira e magoam os outros sem necessidade ou causam problemas dentro da família ou nas organizações, e vivem criando desarmonia na sociedade. De certo modo, essas pessoas são "poluidoras". E certamente será exigido dos "poluidores" que limpem a sujeira que fizeram, o que significa que terão de expiar por terem ferido outras pessoas por causa de sua ira.

As Leis do Inferno

Depois vem a ignorância, ou maneiras de pensar baseadas na ignorância, como mencionei no Capítulo Um. Aprendizados com base na ignorância se disseminaram muito, e hoje chegaram até ao mundo acadêmico. São muitos aqueles que ganham a vida ensinando conhecimentos que são um lixo sem valor, e outros que espalham isso ensinando esse lixo em outras partes. Esses indivíduos serão considerados responsáveis por sua ignorância. Na maioria dos casos, fizeram uma escolha errada entre duas opções. Eles tomaram a decisão errada entre uma e outra, ou entre esquerda e direita, e não serão perdoados.

Aqueles que ocupam cargos dedicados ao ensino de conteúdo acadêmico devem buscar a Verdade incansavelmente, e buscar o Bem também incansavelmente, assim como a Beleza. Pesquisadores e professores de universidades que se esforçam nesse sentido têm a chance de voltar aos níveis superiores do mundo da sexta dimensão, mas na realidade alguns deles já foram direto para o Inferno. Aqueles que continuam ensinando ideias erradas podem ser considerados "criminosos ideológicos", mesmo que tenham certos títulos neste mundo terreno, como "professor da Universidade XYZ". Quanto mais espalharem sua filosofia e quanto maior sua influência, mais profundamente cairão no Inferno.

Isso vale não só para os acadêmicos. Também há muitos criminosos ideológicos hoje entre comentaristas, escritores – inclusive romancistas –, editores e diretores de jornais, de programas de tevê, revistas, filmes e assim por diante. A postura básica de Enma é não poupá-los de jeito nenhum, pois eles influenciaram equivocadamente um número muito grande de pessoas.

Com certeza alguns desses crimes ocorrem no plano "individual", entre uma pessoa e outra, mas nesse caso a influência é pequena. Entretanto, algumas pessoas influenciam muita gente ao compartilhar suas filosofias e ideologias erradas por meio de livros, quadrinhos, filmes e programas de tevê, entre outras formas. Há pessoas assim também entre os políticos. Mesmo que tenham alto prestígio no sentido terreno, serão claramente julgadas como "más" pelos padrões de bem e mal baseados na Verdade Búdica.

Tudo isso é essencialmente semelhante à poluição. Se alguém despejar veneno ou mercúrio no rio, vão começar a aparecer peixes anormais, com a espinha dorsal torta. E as pessoas que comerem estes peixes podem contrair doenças raras e incuráveis, e muitas terão a vida arruinada. Portanto, não faz sentido a pessoa se sentir feliz apenas porque foi promovida a um cargo mais alto ou obteve sucesso neste mundo.

Por outro lado, há aqueles que pensam: "Eu não tive sucesso neste mundo. Acabei tendo uma vida medíocre, muito comum. Só consegui ter influência nos membros da minha família, e infelizmente no meu emprego fui tratado como se fosse uma simples máquina. Tive uma vida

As Leis do Inferno

muito sem graça". Mas para dizer a verdade, mesmo que essas pessoas vão para o Inferno quando voltarem para o outro mundo, há vezes em que elas poderão sair dele logo porque seus pecados ainda são leves.

Porém, aquelas que transformaram sua empresa num grande empreendimento ou ganharam muito dinheiro por meios desonestos não serão facilmente perdoadas em razão da magnitude de sua influência. Quanto à medicina, existem indivíduos que desenvolvem e vendem falsos remédios ou promovem um tipo de medicina inócuo, alegando que é eficaz. Eles também serão severamente punidos. O mesmo vale para os políticos que elaboraram leis equivocadas.

Se você se basear num ponto de vista terreno, talvez chegue a pensar: "A vida termina aqui neste mundo, então quero ter o máximo possível de sucesso nos meus 100 ou 120 anos de vida. Ficarei satisfeito se puder conquistar o respeito de várias pessoas, ganhar bastante dinheiro e ficar famoso. E também quero ter muita sorte com o sexo oposto". Mas, se você teve pensamentos errados e fez coisas erradas para alcançar esses objetivos, saiba que no próximo mundo seus pecados serão considerados definitivamente pesados.

3
Os valores terrenos não se aplicam no Inferno

A disciplina espiritual neste mundo vale dez vezes mais do que no mundo espiritual

Em termos simples, este nosso mundo da terceira dimensão é um lugar onde os humanos têm dificuldade para conhecer a Verdade, diferentemente do mundo espiritual. Portanto, é mais difícil fazer boas coisas neste mundo terreno do que no mundo espiritual. Da mesma forma, praticar a autorreflexão também é mais difícil neste mundo do que no outro.

Na realidade, um ano de treinamento espiritual neste nosso mundo equivale a dez anos de treinamento no mundo espiritual. Assim, as pessoas que são julgadas como más depois de passar algumas décadas de vida aqui podem sofrer no Inferno por centenas de anos. De fato, há muitas pessoas ali nessa condição.

Há tanto coisas boas quanto ruins neste mundo. Vivemos com um corpo físico e estamos rodeados por objetos físicos, e temos de viver fazendo uso deles. Em certo sentido, vivemos num mundo em que todos estão tentando achar seu caminho na vida de olhos vendados. Então, se num mundo como este você for capaz de distinguir o

As Leis do Inferno

bem do mal, a verdade da falsidade, e a beleza da feiura, fará grandes progressos em seu treinamento espiritual. É por isso que os humanos nascem neste mundo várias e várias vezes. Há muitas coisas a serem aprendidas aqui.

Quando você está no outro mundo como um corpo espiritual, é muito fácil compreender que é um espírito. Não obstante, muitos não conseguem nem mesmo entender esta simples verdade. Os espíritos que se apossam de pessoas vivas e cometem maldades não têm ideia da existência do mundo espiritual, e não entendem que são um corpo espiritual. Alguns acreditam que ainda estão vivos e se apossam de pessoas vivas a fim de poder dar vazão aos seus sentimentos de frustração.

Suponha que um indivíduo morre num acidente de carro ao fazer uma curva fechada numa estrada de montanha. Se ele não sabe que é um espírito, acaba virando um espírito preso à Terra e fica vagando naquele trecho de estrada. E quando ele vê alguém dirigindo de modo imprudente ou sob efeito de bebida alcoólica, corre para possuir aquela pessoa e causar outro acidente. Essas coisas realmente acontecem. Este exemplo mostra que algumas pessoas não entendem esta verdade simples por falta de conhecimento. É uma pena.

Várias décadas atrás, um ex-promotor-geral publicou uma espécie de autobiografia intitulada *Pessoas Viram Lixo depois que Morrem* (tradução literal). Esta é uma das piores expressões do pensamento materialista.

As Leis do Inferno

Levando em conta que ele ocupava um alto cargo e julgava o que era certo e errado, seu pecado deve ser pesado. Ele via as coisas apenas de um ponto de vista materialista, portanto, embora acreditasse estar trilhando o "caminho de Enma" e que iria passar diretamente de promotor-geral à condição de um "Grande Enma", não foi o que ocorreu. Aqueles que têm este tipo de filosofia equivocada não são perdoados.

O mesmo vale para os juízes. No concurso para se tornar juiz não é testado o conhecimento religioso, portanto os julgamentos são baseados quase inteiramente no conhecimento terreno. Assim, embora a maioria das decisões – digamos de 70% a 80% – possam ser vereditos razoáveis, 20% a 30% muito provavelmente estão errados. Os juízes deveriam consultar a própria consciência para avaliar se seus vereditos estão certos ou não. Até mesmo juízes vão parar no Inferno se tiverem proferido com frequência sentenças equivocadas e cometido erros fatais.

Os advogados também devem ir para o Inferno quando são corruptos. Por exemplo, alguns advogados acusam as religiões de seus crimes e, em alguns casos, eles podem estar agindo corretamente. Porém, se estão trabalhando para tentar eliminar uma religião que busca levar adiante a missão de Deus e de Buda na sociedade, então esses advogados também irão para o Inferno, infelizmente, independentemente de terem ou não o título de advogados.

As Leis do Inferno

Ou seja, os valores terrenos não têm nenhuma validade nos critérios de julgamento do Inferno. Sua formação acadêmica e suas qualificações neste mundo não importam. Tampouco fará diferença se no mundo terreno você era muito respeitado ou muito rico, se tinha uma mansão enorme ou fazia parte de uma linhagem de prestígio, como pertencer a uma família aristocrática, real ou nobre. Nenhum desses fatores será levado em conta. Tudo o que importa é a fé, os pensamentos e as ações. Sua fé, seus pensamentos e suas ações é que vão mostrar o tipo de pessoa que você é realmente.

Em certo sentido, foi uma coisa boa a aristocracia ter colapsado e todos passarem a ser tratados de maneira igual. Houve um tempo no passado em que aqueles que faziam parte de uma classe social mais alta não eram acusados de crimes, mesmo que tivessem maltratado ou matado pessoas de classes sociais mais baixas. Em comparação com aqueles tempos, o mundo melhorou. Em geral, você será julgado se suas ações foram apropriadas ou não como ser humano.

As leis de Enma, porém, não são apenas regras rígidas. Como eu disse antes, ele avalia tanto as ações boas quanto as ruins de uma pessoa antes de determinar o peso de seus pecados. Também leva em conta os depoimentos das pessoas envolvidas e julga para ver se há espaço para circunstâncias atenuantes.

As Leis do Inferno

Criminosos ideológicos ficam isolados no Inferno Abismal

Dentre aqueles que cometeram os pecados mais graves, alguns vão direto para o fundo do Inferno após a morte, sem sequer passar pelo tribunal de Enma. Eles são indivíduos que, na opinião de todos, não têm mais salvação. Entre eles estão aqueles em particular que obstruíram ou dificultaram os outros em questões relacionadas à Verdade Búdica, afirmando coisas que são exatamente o oposto. Aqueles que se envolveram em atividades que fizeram aumentar a população do Inferno jamais são perdoados. Muitos deles vão para o Inferno mergulhando de cabeça.

Mesmo assim, alguns deles ainda continuam afirmando com teimosia que não existe vida após a morte, nem Deus ou Buda. Na maioria dos casos, essas almas vivem em seu próprio mundo ilusório, então talvez imaginem que estão trancadas numa espécie de quarto especial de algum hospital. Na realidade, porém, elas caíram no Inferno Abismal, nas profundezas do Inferno.

A característica do Inferno Abismal é que, embora existam muitas outras almas ali, elas não conseguem enxergar as demais, por causa da escuridão total. É como se tivessem caído no fundo de um poço. É uma prisão, um confinamento numa solitária onde não têm permissão de falar ou de ver ninguém. Ficam completamente isoladas, como criminosos ideológicos. Mesmo que haja outras al-

As Leis do Inferno

mas a 2 ou 3 metros, não conseguem reconhecer ninguém nem conversar. Em muitos casos, são deixadas totalmente sozinhas em um estado de completo isolamento. Como regra, elas ficarão isoladas por um longo tempo. Ali, algumas delas começam aos poucos a refletir sobre sua vida. Nesses casos, um espírito adequado irá visitá-las quando surgir a oportunidade. Como se fosse o capelão de uma prisão que vai visitar os presidiários para ensinar-lhes o correto modo de viver, um espírito adequado vai visitar o Inferno Abismal quando chega a hora. Muitas vezes, são espíritos que voltaram ao Céu após a morte e estão se esforçando para se tornar anjos de luz, e então assumem esse papel. São como "aspirantes a anjos" ou "anjos estagiários". Esses "anjos de luz estagiários" irão visitar o Inferno para ganhar experiência em salvar os outros e tentar guiá-los para o bom caminho ao conversar com eles.

Em muitos casos, porém, os espíritos do Inferno Abismal não conseguem se livrar dos pensamentos que foram impressos em sua mente durante várias décadas de vida na Terra. Esses espíritos costumam ser muito orgulhosos. Acham que são figuras importantes, então nunca pedem desculpas aos outros nem admitem seus erros. Assim, sofrem por um período muito longo no Inferno e não podem ser salvos. No entanto, para dizer a verdade, eles são solitários, tristes, sofredores e famintos, como um prisioneiro cumprindo uma sentença indefinida.

4
A lei do Inferno e os vários aspectos do Inferno

Guerras legítimas não são consideradas crimes, mas guerras infernais levam as pessoas ao Inferno de Ashura

Num nível mais superficial do Inferno, há muitos espíritos por perto. Uma das regras do Inferno é que espíritos de mentalidade semelhante se juntam. Em outras palavras, espíritos com a mesma "doença" ficam agrupados no mesmo lugar. É como fazem os hospitais, que colocam juntos pacientes que têm a mesma doença; os que sofrem de doenças mentais ficam na ala psiquiátrica, os com problemas cardíacos ou doenças cerebrais são agrupados como tal e os que têm câncer ficam na ala de oncologia. Do mesmo modo, pessoas com tendências similares costumam ser colocadas juntas no mesmo Inferno. Ali, em um mundo de conflitos e destruição, elas lutam com outros espíritos afins e, por meio da repetição, começam a perceber seus erros.

Em certas épocas da história, podem ocorrer guerras e batalhas. Mas não podemos dizer que qualquer tipo de envolvimento com uma guerra ou um combate seja necessariamente mau. Deus e Buda consideram que al-

As Leis do Inferno

gumas guerras são inevitáveis, portanto, nem todas são más. Nem todas as figuras históricas que lutaram em guerras e construíram um país, ou que serviram como generais, são demônios. Essas guerras podem ser necessárias, e às vezes algumas pessoas precisam lutar para proteger seus cidadãos.

Além disso, as pessoas podem permitir-se lutar, pelo menos para proteger suas famílias, quando surge a necessidade. Se um ladrão invade uma casa à noite e agride algum membro da família que ali vive com tiros de revólver ou facadas para levar embora objetos de valor, o pai de família talvez revide com violência. Pode usar uma arma de fogo, se a lei do país permitir isso. A lei deste mundo considera essa atitude como legítima defesa.

Uma situação desse tipo exige um julgamento no mundo terreno. O julgamento pode resolver o caso, mas se isso não for suficiente, ele será levado ao tribunal de Enma.

Situações que são justificáveis ou exigem autodefesa – isto é, que levam os outros a achar que foram inevitáveis – são levadas em consideração.

Vamos supor que o Japão, na sua situação atual, acabe envolvendo-se numa guerra num futuro próximo. Talvez eu não devesse comentar isso levando-se em conta minha atual posição, mas devesse ser dito pelos líderes políticos e militares. Entretanto, imagine que a Coreia do Norte fabrique uma série de armas nucleares e

As Leis do Inferno

decida lançá-las diretamente no Japão. Milhões ou dezenas de milhões de cidadãos japoneses poderiam morrer, e a Coreia do Norte talvez declarasse: "O Japão agora é um Estado vassalo da Coreia do Norte. Vocês terão de entregar todos os seus pertences pessoais e propriedades. A partir de agora, serão tratados como escravos".

Diante de uma situação como essa, o Japão poderia então desenvolver armas e revidar para defender seus cidadãos. Mas esta ação do Japão não seria considerada má pelas leis de Enma; seria uma resposta natural. Se os norte-coreanos praticarem ações errôneas, eles é que não serão perdoados. Portanto, serão definitivamente julgados como maus. Porém, se ambos os lados estiverem errados até certo ponto, serão julgados caso a caso.

Vamos examinar, por exemplo, as leis de Buda de 2.500 anos atrás. Certa vez perguntaram a Buda: "Em caso de guerra, os guerreiros são considerados culpados?". Ele respondeu: "O crime principal é do rei". É claro que nem sempre se trata de um rei. Hoje em dia, falaríamos talvez em primeiro-ministro ou presidente, entre outras possibilidades.

O que Buda quis dizer foi: "Em primeiro lugar, o rei será considerado responsável por ter cometido pecados ou não". Em outras palavras, será perguntado ao rei: "Foi uma guerra justa?". Se não for o rei, os responsáveis podem ser os generais. Eles serão julgados se fizeram a coisa certa ou não.

As Leis do Inferno

Quanto mais baixo é o degrau que você ocupa na escada do poder, menos responsável é. Por exemplo, um policial ou um militar muitas vezes são obrigados a obedecer às ordens de um superior. Se receberem ordens de disparar num alvo, certamente irão cumpri-las. Mas, após sua morte, não serão necessariamente acusados de ter cometido um crime, pois tratava-se de cumprir algo decidido pela cadeia de comando dentro de determinado sistema legal. Portanto, nem toda guerra ou ato violento constitui crime.

Ocorre, porém, que numa situação dessas até mesmo um indivíduo pode ser responsabilizado, quando estiver lutando contra um país inimigo ou outro grupo étnico, se demonstrar uma brutalidade ou perversidade além do que caracteriza normalmente a natureza humana. Nesse caso, esse indivíduo será condenado. Por exemplo, num país africano, hútus e tútsis matavam uns aos outros usando armas como machados e machadinhas. Certamente lutavam por alguma razão, mas se os indivíduos se juntam e viram uma multidão e começam a matar pessoas indiscriminadamente, esses assassinos podem ser responsabilizados individualmente por seus pecados e ser julgados nesses termos no Inferno.

Aqueles que são julgados como sendo "infernais" durante conflitos e guerras vão para um lugar chamado Inferno de Ashura ou Reino de Ashura. Ali continuam a se matar eternamente. Por exemplo, durante a Batalha de Sekigahara (1600) no Japão, os exércitos do oeste e do leste enfrentaram-se. O lugar de nascimento da pessoa determinava seu lado na guerra. Se você estava do lado vencedor, era naturalmente considerado correto, mas alguns dos que morreram naquela guerra e foram para o Inferno ainda não conseguiram sair de lá, embora seu número esteja agora decrescendo.

À medida que esses espíritos continuam matando uns aos outros no Inferno de Ashura, chega uma hora em que eles pensam: "Que coisa mais estúpida venho fazendo", e então percebem seus erros. Nessa hora eles podem ascender aos Céus, e o número deles no Inferno diminui gradualmente. Às vezes, os espíritos conseguem refletir sobre o que têm feito ao observarem outros espíritos semelhantes a eles.

Os buscadores de prazeres materialistas vão para os Infernos do Lago de Sangue, da Montanha de Agulhas e da Floresta das Folhas de Lâmina

O mesmo vale para o Inferno do Lago de Sangue. Aqueles que em seu tempo de vida se desviaram muito do caminho em sua vida sexual, e que não têm nenhuma evidência particular que lhes dê apoio nem condições que permitam salvá-los, serão lançados num lugar chamado Inferno do Lago de Sangue. Espíritos de mentalidade afim reúnem-se ali. Eles ficam experimentando

As Leis do Inferno

esse Inferno até compreenderem que o que viam como alegria e beleza e lhes dava prazer era, na realidade, o próprio sofrimento.

Um lago de sangue é apenas um símbolo; ali muitos homens e mulheres se afogam num lago de águas de sangue. Ficam ali flutuando nus. Vê-los enquanto se afogam nesse lago de sangue não desperta nenhum desejo sexual terreno; todos têm uma aparência grotesca e monstruosa, e a visão é desagradável.

O Inferno do Lago de Sangue não é suficiente, então existem outros Infernos além desse lago. Esta é a realidade. Estamos agora na década de 2020, mas esses Infernos ainda existem. Os Infernos descritos no budismo continuam sendo reais.

O Lago de Sangue e a Montanha de Agulhas são Infernos tradicionais. Ali, aqueles que cometeram o mal são perseguidos por carrascos, carcereiros ou executores (*onis*) numa área em que há espadas brotando do chão. O corpo das pessoas é cortado de várias maneiras, e elas ficam todas ensanguentadas. É horrível e doloroso, mas elas são forçadas a passar por tais experiências.

O Inferno da Floresta das Folhas de Lâmina também é bem conhecido no budismo. Neles as mulheres seduzem os homens, embora ambos estejam no Inferno. Boa parte daqueles que estão neste Inferno trabalhava em negócios da vida noturna em sua vida terrena, e muitos estavam envolvidos com o crime.

As Leis do Inferno

Para descrever esse Inferno, uma bela mulher está esperando na copa de uma árvore. Embaixo há uma multidão de espíritos, cheios de luxúria e desejo sexual. "Venham para cá", ela chama, e todos tentam escalar a árvore. Mas como cada folha da árvore é como a lâmina de uma navalha com o fio apontado para baixo, seus corpos ficam todos retalhados. Então, ao chegarem ao alto da árvore, percebem que a linda mulher não está mais ali; agora, lá está ela ao pé da árvore. "Desçam, eu estou aqui", chama ela de novo, e quando eles tentam descer, as lâminas ficam agora com o fio apontado para cima. Esse tipo de Inferno é chamado de Inferno da Floresta das Folhas de Lâmina.

O sentido é tentar ensinar de maneira material àqueles que veem a si mesmos como existências físicas, os materialistas e os buscadores de prazeres materialistas, que o que eles estão buscando não é "prazer". Eles não estão considerando o que é certo e o que é errado; só sabem distinguir entre "prazer" e "desprazer". Até insetos são capazes de perceber essa diferença, e é isso o que está sendo ensinado.

Em algum momento, eles devem perceber seus próprios erros em sua busca de prazeres materialistas. Precisam perceber o quanto esta atitude é tola. O prazer sexual pode tornar-se viciante, da mesma maneira que os narcóticos e a cocaína. Depois que a pessoa mergulha nos prazeres físicos, ela cria dependência e não consegue mais escapar. Por isso, precisa experimentar isso muitas e muitas vezes, até ficar farta disso; então, ela pode ser guiada para que sinta: "Quero me tornar uma pessoa decente de novo".

Aqueles que cometeram vários tipos de crimes são enviados para experiências em diversos tipos de Inferno. Há mais de um tipo de Inferno, e essas pessoas têm de passar por uma série de Infernos relacionados com seus principais atos malignos, como se fosse uma espécie de "curso obrigatório". Ao que parece, há um número cada vez maior de pessoas atualmente indo para Infernos relacionados ao desejo sexual.

5
O prazer físico e o preço a ser pago no outro mundo

O autocontrole distingue os humanos dos animais

Quero que você pelo menos reconheça que os seres humanos são diferentes dos animais, porque este é um ponto importante. Você deve respeitar a dignidade da outra pessoa como ser humano, e, mantendo esse respeito, ambos devem se amar como almas e se elevar. Com isso em mente, e dentro dos limites concedidos aos seres humanos, recebemos permissão para obtermos até certo ponto um pouco de felicidade terrena por meio do prazer físico. Mas isso se torna um problema quando você vai além disso e age da maneira que um animal agiria – como um cachorro faria ao ser solto entre várias cadelas, buscando uma após a outra.

Espíritos de raposa são comuns no Japão. Esses espíritos costumam influenciar as mulheres para que utilizem sua natureza demoníaca ou sedutora a fim de atrair os homens e corrompê-los, tentá-los a cometer um crime ou fazer com que peguem um caminho errado. Algumas mulheres acreditam que sua função como mulheres é atrair os homens, mas aquelas que têm obsessão por exacerbar seu charme sexual de sedução estão espiritual-

As Leis do Inferno

mente muito próximas do Inferno das Bestas. Na realidade, o Inferno do Lago de Sangue fica relativamente perto do Inferno das Bestas, e eles costumam ser "conversíveis" ou intercambiáveis. Mas nem todos os animais são assim. Os pandas, por exemplo, "apaixonam-se" apenas de dois a três dias por ano. Nesses períodos, os tratadores dos zoológicos tentam de tudo para que os pandas cruzem. Até proíbem os visitantes de observá-los e preparam um ambiente tranquilo para esses animais para que concentrem seus espíritos e se acasalem. Talvez os pandas, que têm desejo sexual apenas dois ou três dias por ano, sejam mais decentes que os humanos, ativos sexualmente o ano todo.

Na poesia japonesa *haiku*, há uma expressão referente às estações que fala em "amor de gato", que é uma referência poética ao mês de fevereiro. Quando as gatas ficam prenhas por volta do mês de fevereiro, têm seus filhotes no verão, a melhor época para dar à luz e cuidar dos filhotes, porque há abundância de alimento e os filhotes não correm risco de congelar de frio e morrer. Então, é mais ou menos nessa época que as gatas costumam dar à luz. Nas outras estações do ano, tanto os machos como as fêmeas não estão particularmente interessados no sexo oposto.

Nesse sentido, pode ser errado supor que todos os animais são criaturas de nível inferior em relação aos humanos. É preciso estar atento. Basta notar que há animais que não sentem desejo sexual durante o ano todo, embora isso seja neles talvez uma questão mais instintiva do que de autocontrole.

Ao contrário, os humanos podem ficar excitados o ano todo, e é por isso que o autocontrole é necessário. Você precisa escolher a hora certa, o lugar certo e o parceiro certo. Precisa perguntar a si mesmo: "É justificável? É apropriado aos olhos de Deus, Buda, ou do meu espírito guardião e espírito guia?".

O budismo tem um ensinamento de "inoportunidade" e "hora inoportuna". Por exemplo, não há problema quando um casal ou pessoas que têm um relacionamento sério mantêm intimidade após o trabalho, quando se encontram relaxados. No entanto, fazer sexo durante as horas normais de trabalho ou quando seus filhos ainda estão acordados tem um impacto negativo. Do ponto de vista budista, não saber escolher a hora certa é considerado um delito.

O mesmo pode ser dito sobre a escolha do local adequado. O Código Penal considera crime a exibição de objetos obscenos e a falta de pudor em público. Dessa forma, as pessoas não devem fazer as coisas em lugares inadequados.

Alguns podem dizer: "Não há nada de errado em tirar a roupa num clube de *strip-tease*, pois é um lugar feito para isso". Parece um argumento válido, mas vai depender de como a polícia julga isso e como impõe limites. Ao

As Leis do Inferno

que parece, a polícia não assume uma posição mais dura porque a repressão rigorosa às vezes estimula mais crimes. Portanto, a impressão é que a polícia às vezes é tolerante, ou aperta e afrouxa a supervisão dependendo das circunstâncias. A própria indústria do sexo tem vários aspectos infernais, mas, se for completamente eliminada, haverá mais mulheres comuns sendo atacadas a caminho de casa na volta do trabalho. Assim, a polícia parece estar "controlando" bem a situação. Mas avaliar se o que a polícia está fazendo é certo ou errado passa a ser outra questão. É um ponto realmente muito difícil.

Preze seu corpo físico como um "templo sagrado" onde a alma reside

Por favor, não cometa o erro de pensar: "Este corpo físico é meu. Está à minha disposição, portanto cabe a mim decidir como usá-lo". As pessoas dizem: "Eu tenho pernas, então o que há de errado em chutar uma bola de futebol e jogar futebol?" ou "Eu tenho braços, então o que há de errado em agitar um taco de beisebol e acertar uma bola?". Da mesma forma, muitas pessoas pensam: "Os humanos têm direitos sobre seu próprio corpo físico, então cabe a mim usá-lo do jeito que quiser".

Mas permita-me dizer: seu corpo físico foi dado de presente a você por seus pais, portanto você deve ser grato por isso. Cada indivíduo ganhou de presente um corpo físico; os pais o deram à luz e dedicaram muito trabalho e energia para criá-lo. É raro pais criarem seus filhos esperando que se tornem criminosos. A maioria deseja que os filhos se tornem pessoas bem-sucedidas, capazes de dar alguma contribuição ao mundo. Os pais se esforçam ao máximo para que os filhos tenham sucesso. Trabalham duro, cozinham refeições e sacrificam seu sono quando os bebês choram. Eles criam seus filhos em meio a tudo isso.

Você pode entrar na idade adulta e pensar: "Fiz 18 anos" ou então "Tenho 20 anos. Sou livre para fazer o que quiser", mas precisa ter cuidado com a maneira de usar este seu corpo físico que lhe foi presenteado por seus pais. Deve usá-lo de modo que possa retribuir à sociedade e assumir a responsabilidade por suas ações futuras. Se viver como um adulto irresponsável, poderá de repente engravidar alguém ou ficar grávida e passar adiante infelicidade para seus filhos. Por isso, precisa estar ciente de sua responsabilidade a esse respeito.

Além disso, é verdade que seu corpo físico foi dado a você por seus pais, mas há uma premissa para isso: "Deus ou Buda existe. Existe um lugar chamado mundo espiritual, e há um sistema de reencarnação. Os humanos têm tido permissão de reencarnar".

Portanto, o pensamento existencialista está basicamente equivocado. Algumas pessoas às vezes assumem uma atitude de vítima e pensam: "Fui jogado neste mundo por acaso. A gente não escolhe os pais, e eu nasci num lugar como este". Mas a verdade é que todo mundo sabe onde irá nascer antes do nascimento. Se você escolhe nascer num ambiente difícil, significa que tem algum tipo de desafio a superar para o seu treinamento espiritual. Por favor, saiba disso.

Quero que você valorize e use seu corpo físico com cuidado e diga a si mesmo: "Meu corpo é um 'templo sagrado' onde minha alma reside". Ele, por si só, não é bom nem mau. Por exemplo, você pode usar uma faca para cozinhar ou descascar uma fruta, mas ela também pode virar uma arma se você decidir usá-la para matar alguém. Do mesmo modo, um corpo físico pode ser tornar bom ou mau dependendo da mentalidade da pessoa que o usa.

Os direitos humanos deste mundo não são levados em consideração no Inferno

Atualmente, o número de indivíduos como os do grupo LGBTQ está aumentando em todo mundo, sobretudo nas nações democráticas do Ocidente. Eles dizem que estão defendendo os direitos humanos. Conforme mais almas de pessoas LGBTQ, entre outros, estão retornando ao outro mundo, tenho acompanhado o que aconteceu com elas. Infelizmente, pelo que pude examinar, no Inferno não existem os "direitos humanos" que as pessoas deste mundo reivindicam.

As Leis do Inferno

Anteriormente, falei sobre o Inferno da Floresta das Folhas de Lâmina. Aqueles que são destinados a esse tipo de Inferno podem ver a si mesmos perseguidos em muitas áreas onde as espadas brotam do chão. Mas hoje também existem alguns tipos de Inferno mais modernos. Como agora as intervenções cirúrgicas são mais comuns, alguns instrumentos semelhantes aos utilizados pelos médicos estão sendo usados também no Inferno. Por isso, existe também o Inferno do tipo hospital, onde corpos são cortados com uma serra elétrica ou abertos com um bisturi numa cirurgia.

O fato de existir um Inferno como este mostra que há médicos e enfermeiros que esqueceram sua verdadeira missão e viveram como pessoas más. Há médicos corruptos dentre os que dirigem hospitais. Nem todos os médicos e enfermeiros são anjos, e alguns deles estão num Inferno que é como um hospital e continuam fazendo as mesmas coisas. Sinto que os tempos estão mudando.

No passado, havia o Inferno das Cordas Pretas. As cordas pretas são uma referência aos barbantes tingidos de preto que os carpinteiros usam para cortar um pedaço de madeira e fazer um pilar; num dos lados da madeira, o carpinteiro fixa um pedaço de barbante que ele mergulhou em tinta preta, estendendo-o até o outro lado do pilar. Quando ele remove o barbante, uma linha reta fica marcada ao longo da madeira. O carpinteiro

As Leis do Inferno

então serra a madeira com precisão ao longo da linha. Isso seria a "corda preta". Meu avô era carpinteiro de santuários, e ouvi dizer que era muito habilidoso no uso dessa técnica. O nome dele era Genzaemon, e as pessoas costumavam dizer: "A marca que o senhor Gen faz não tem nenhuma interrupção. Ele sempre traça linhas retas, bem definidas".

No Inferno das Cordas Pretas, essa técnica é usada para cortar corpos humanos; barbantes mergulhados em tinta são aplicados sobre o corpo do espírito. Esses barbantes também aparecem em filmes Jiangshi – histórias sobre zumbis orientais que ressuscitam – e são na realidade usados para cortar corpos humanos.

Esse Inferno existia no passado, mas hoje há muitos Infernos relacionados a hospitais. Atualmente, algumas pessoas visitam locais assombrados durante a noite, como hospitais abandonados ou hospitais que não estão mais funcionando, em busca de experiências de terror. Hospitais assim começaram a aparecer no Inferno para serem usados como locais de punição.

Então, o que quero dizer é o seguinte: "Você é livre para fazer valer seus direitos humanos neste mundo, mas, se suas ações forem longe demais, você poderá perder completamente seus direitos humanos no mundo póstumo". Por isso, pode ser melhor para você parar de fazer isso agora. A liberdade é importante. De fato, é extremamente importante, mas com a liberdade vem a responsabilidade. Você precisa avaliar: "O que acontecerá com a sociedade se todo mundo buscar a liberdade da maneira como busco?". Se a sociedade entrar em colapso e a ordem social for perturbada pelo fato de todo mundo fazer o que você está fazendo, então isso não é uma boa coisa.

Pode ser que isso esteja de acordo com o que Kant afirmou, mas se você acha que a sociedade ficará melhor se todos à sua volta copiarem o que você está fazendo, tudo bem. Porém, se a pessoa faz algo pensando: "Eu sou o único que tem permissão para fazer isso, e se outras pessoas fizerem o que estou fazendo, será um problema", então isso constitui um crime e não deve ser recomendado aos outros. Existe uma coisa chamada "máxima". Você deve fazer coisas que sejam aceitáveis para os demais também fazerem. Da mesma forma, não deve fazer nada que não seja bom para os outros imitarem.

O uso de drogas e estimulantes ainda é estritamente regulamentado e no Japão constitui crime, mas em muitos países a lei é menos rígida. Às vezes, essas substâncias servem como fonte de financiamento, e se tornam uma fonte de recursos para o país ou para organizações criminosas. Porém, como eu já disse antes, talvez você pense: "O corpo é meu, e ninguém tem nada a ver se eu uso drogas e estimulantes. Se vou ter uma vida longa ou vou morrer jovem, é uma escolha minha". Mas as

As Leis do Inferno

pessoas são facilmente influenciadas, e esse tipo de ideia certamente se propagará.

Por favor, pergunte a si mesmo: "O que irá acontecer com a sociedade se os outros fizerem o mesmo? O que será da próxima geração e da geração seguinte?". Então, você perceberá que precisa parar de fazer aquilo que é indesejável para a sociedade.

As Leis do Inferno

6
Sua fé, seus pensamentos e suas ações com certeza serão julgados após a morte

É difícil ensinar tudo a respeito do Inferno. Basicamente, todas as coisas relacionadas a crimes serão julgadas no Inferno. Além disso, as pessoas que escaparam das leis deste mundo e não foram acusadas nem consideradas culpadas com base no Código Civil poderão ser julgadas no Inferno.

É por isso que a "fé" e "o que você pensou" são importantes. Você deve refletir e examinar principalmente as Seis Grandes Tentações mundanas: gana, ira, ignorância, orgulho, desconfiança e visões errôneas.

Você deve refletir também sobre suas "ações". Aqueles que fizeram muitas coisas que ferem a natureza divina ou a natureza búdica das pessoas não serão facilmente perdoados. Se você se arrepender ainda em vida, aqui neste mundo, pratique o oposto da maneira correta e esforce-se para se tornar uma outra pessoa.

Não consegui falar sobre tudo, mas esta é a realidade do Inferno. O julgamento de Enma é absolutamente real, embora seu estilo possa diferir conforme o país. Ele pode aparecer como um juiz em alguns lugares ou como um oficial de alto escalão em outros; o estilo de julgamento pode variar de acordo com o país, mas com certeza você será julgado.

As Leis do Inferno

Além disso, existe uma religião (Seicho-no-Ie) que afirma: "Toda criança que morre antes dos 7 anos de idade é um espírito elevado". Mas isso está longe de ser verdadeiro. Crianças pequenas que morrem antes de conseguir pensar por si mesmas muitas vezes acabam como espíritos perdidos. Não sabem o que fazer porque não lhes foi ensinado.

Desde tempos antigos, o budismo afirma: "As almas de crianças que partiram empilham pedras no Limbo das Crianças". De fato, existe um Inferno no qual se reúnem as crianças que morreram jovens e ficaram perdidas. Os anjos guia visitam essas crianças, mas enfrentam dificuldades para salvá-las porque as crianças não conseguem entender suas palavras. Isso também acontece. Muitos pais realizam um aborto, e em certos casos não há como evitá-lo porque dar à luz poderia expandir a área do Inferno. Mas, em princípio, você deve saber que há uma alma residindo no feto, então se ela é morta por um aborto ou por outros meios, é importante que você estude e compreenda bem a Verdade Búdica, e ofereça um culto a ela.

Há um grupo de advogados que afirma: "Culto memorial para crianças abortadas é uma fraude espiritual" e isso pode estar certo se o culto é realizado apenas para ganhar algum dinheiro com ele. Mas a verdade é que algumas crianças não sabem o que fazer depois que morrem, e só podem contar com seus pais. Nesse caso, é importante fazer o serviço fúnebre de forma adequada. No entanto, se o culto for conduzido por alguém que não acredita em almas e só o faz para ganhar dinheiro, então deve ser considerado como fraude. Então, é importante orientar a alma com base numa devida compreensão.

Além disso, em geral, acredito que seja uma virtude humana prestar respeito de modo apropriado aos falecidos, dando-lhes um enterro adequado após a morte, providenciando um túmulo ou de outras maneiras. Quando a economia entra em declínio, porém, esses costumes vão sendo simplificados. Muitas pessoas acabam escolhendo fazer do jeito que bem entendem, por exemplo, espalhando as cinzas na natureza ou enterrando-as ao pé de uma árvore. Não digo que todas essas práticas estejam erradas, mas se elas tiverem como ponto de partida uma concepção materialista, as pessoas devem pensar duas vezes antes de adotá-las. Construir sepulturas e realizar funerais são meios pelos quais os humanos fazem uma transmissão cultural de que o outro mundo existe. Assim, por favor, valorize esta tradição.

Com isso, concluo este capítulo.

CAPÍTULO TRÊS

Maldições e possessão

— Como controlar sua mente para não cair no Inferno

1
Maldições e possessão conectam você com o Inferno

Você vai para o Céu ou para Inferno?
– Isso depende de como você vive agora

Venho falando a respeito do Inferno e, neste capítulo, vou abordar alguns pontos específicos dele e falar sobre maldições e possessão. São assuntos ligados à religião como um todo e também ao tema do Inferno.

Suponho que a maioria das pessoas pensa: "O Inferno é algo para eu me preocupar depois que eu morrer" ou "Só vou pensar no que fazer se eu for parar lá". No entanto, não é assim que as coisas funcionam. Você precisa pensar nisso enquanto está vivo. Ir para o Céu ou para o Inferno não é uma questão que surge de repente depois que você morre. Você na realidade precisa pensar para onde irá dentro de alguns anos ou décadas, e pode fazer isto examinando como está sua vida agora, o que inclui suas condições físicas, e sobretudo seu modo de vida espiritual e sua mentalidade.

O termo japonês *hyo-i* (possessão) costuma ser usado no âmbito da religião, portanto acho que a maioria dos meus leitores deve estar familiarizada com ele, mas aqueles que não estão envolvidos com religião talvez não tenham ouvido falar muito ou nem saibam do que se trata. Até mesmo pessoas que trabalham como apresentadoras ou âncoras de tevê e que em geral têm contato com uma grande variedade de assuntos poderiam perguntar: "*Hyo-i*? O que é isso?".

Fugindo um pouco do assunto, os caracteres japoneses kanji para a palavra *hyo-i* (憑依) são difíceis de interpretar. Eles são complicados de escrever e normalmente não são usados.

No meu primeiro ano na universidade, tive uma aula de teoria do processo político. Um professor chamado Jun'ichi Kyogoku escrevia a palavra "憑依 (*hyo-i*)" na lousa e lia "*hyo-e*". Continuou pronunciando *hyo-e* o ano inteiro.

Eu hesitava, em dúvida se deveria corrigi-lo ou não, mas acabei não comentando nada. Ele deveria estar pronunciando do seu jeito há décadas, e achei que cabia a ele assumir responsabilidade por seu erro. Mas, se eu fosse aluno do ensino fundamental ou médio, talvez tivesse corrigido meu professor.

As classes na universidade, porém, têm um público muito maior, com centenas de estudantes, mas quase ninguém reagiu. Então, acho que eles desconheciam essa palavra e provavelmente pensaram que estavam apenas ampliando seu vocabulário. O professor lia e pronunciava a palavra de modo incorreto, e isso me deu a impressão de que ele havia tido pouco contato com a religião. Se você fizesse uma leitura literal dos caracteres, poderia pronunciá-lo da maneira que ele fazia, mas a pronúncia correta é *hyo-i*. Significa "possessão", e talvez você encontre esse termo em filmes e séries de tevê ligados ao ocultismo.

A diferença entre *curse* e *spell*

Este capítulo irá tratar dos conceitos de maldição e possessão. Qual é a relação entre eles?

Enquanto está vivo, você pode ser alvo da maldição de várias pessoas. Em inglês, às vezes é utilizada a palavra *curse* e às vezes é utilizada a palavra *spell*. Qual seria a diferença entre elas? Não tenho muita certeza quanto às conotações exatas dessas palavras, mas pela minha experiência sinto que a *curse* pode ser causada por questões triviais.

Há muito tempo, fui até uma mercearia comprar uma melancia. Perguntei ao senhor que trabalhava lá: "Esta melancia está madura?". Ele respondeu exaltado, dizendo: "Como é que eu vou saber? As coisas ficariam muito mais fáceis se eu soubesse disso!". Lembro que fiquei ofendido por ele ter se dirigido a mim aos gritos. Esse nível de abuso verbal provavelmente cairia na categoria de *curse*.

Mas quando falamos de maldição, em nosso filme anterior (*Adentrando os sonhos… E experiências de terror*, conceito original de Ryuho Okawa, lançado em 2021), há uma cena na qual uma mulher de longos cabelos pretos e quimono branco prega uma boneca de palha em uma árvore de um bosque. Isso poderia ser chamado de *spell*. Tenho a impressão de que um *spell* é um desejo intenso de mandar outra pessoa ao Inferno de uma maneira sistemática. Não estou certo se esta é uma compreensão correta. Mesmo estudiosos da língua inglesa talvez não saibam dizer a diferença, pois eles provavelmente não têm um interesse particular nesse tipo de assunto. Além disso, trata-se de como as pessoas envolvidas em religião usam as palavras. De qualquer modo, é assim que entendo o significado desses termos. Portanto, se você dirige palavras negativas a outra pessoa numa discussão do dia a dia, isso seria uma maldição do tipo *curse*.

Quando eu era mais jovem, visitei a Grécia para realizar pesquisas para minha série de livros a respeito de Hermes (os quatro volumes de *Love Blows Like the Wind* ou "O amor é como o vento", em tradução literal). Eu devia ter ainda meus trinta e poucos anos. Naquela época, morava em Nishi-Ogikubo, no bairro de Suginami, em Tóquio. Quando voltei da Grécia, estava com fome, e entrei num restaurante de *sushi* daquela região. Enquanto comia meu *sushi*, o *chef* me perguntou: "Você parece bronzeado. Está voltando de alguma viagem?". Então, respondi: "Fiz uma viagem à Grécia". Ele comentou: "Ah, viajando à Grécia tão jovem... Isso com certeza irá arruinar seus últimos anos de vida". O que ele queria dizer com aquilo é que, quando eu chegasse a uma idade mais avançada, sentiria os efeitos de ter esbanjado di-

Maldições e possessão

nheiro em viagens ao exterior, como a Grécia. Bem, isso não é algo que se deva dizer a um cliente, mas suponho que a minha resposta não foi o que ele queria ouvir. Até hoje me lembro do que ele disse.

Isso ocorreu há mais de trinta anos, talvez mais, 32 ou 33 anos. Algumas pessoas acham que é um pouco esnobe um jovem fazer uma viagem à Grécia. O *chef* era mais velho que eu, e estava insinuando que uma viagem à Grécia não era algo tão fácil de se concretizar. Bem, francamente, fiz aquela viagem porque estava trabalhando numa série sobre Hermes e precisava de fato ir até lá, pelo menos uma vez. Foi graças a isso que consegui escrever a história, mas de qualquer modo foi isso que ele me disse. Eu estava ali comendo e pagando pela minha comida, e tive de ouvir que meus últimos anos seriam um horror; foi como se tivesse sido amaldiçoado. E o fato de eu ainda estar contando isso significa que talvez essa maldição ainda esteja "grudada" em mim de algum modo.

Amaldiçoar pode envolver sentimentos como a inveja. O ciúme e a inveja podem não ser sentimentos muito profundos ou sérios, mas são reações negativas em relação a outra pessoa que surgem como parte das emoções humanas básicas. É por isso que às vezes você não consegue deixar de dizer alguma coisa às pessoas. E depois que diz, seus sentimentos negativos grudam nas pessoas como se fossem visco para apanhar pássaros. É isso que *curse* significa.

Exemplos de *spell* que recebi de outros grupos religiosos

Em termos de *spell*, trata-se de ter pensamentos do tipo: "Nunca perdoarei esta pessoa. Vamos amaldiçoá-la para que morra". Quando seu ódio se intensifica até esse ponto, torna-se um *spell*. Mencionei um exemplo de *curse* – quando o *chef* disse que meus últimos anos seriam um horror quando lhe contei sobre a minha viagem à Grécia –, mas antes disso já havia passado também por experiências de *spell*.

Caso 1: Uma maldição mortal lançada por um grupo religioso sediado na cidade de Tachikawa

Isso ocorreu na mesma época da experiência que acabei de mencionar, por volta de 1990, quando eu realizava palestras na Yokohama Arena, que tinha capacidade para 10 mil pessoas. Começamos a preparar o local no dia anterior à palestra, porque era preciso montar tudo – o palanque, os corredores, até a sala de espera. Contratamos uma empresa que estava familiarizada com os serviços de carpintaria na Yokohama Arena.

Então, ouvi a seguinte história de um dos meus secretários. Na época, eles me contavam tudo, sem avaliar muito se era adequado ou não. Simplesmente me contaram o que tinham ouvido, embora fosse um pouco antes

Maldições e possessão

da minha palestra. Ao que parece, o empreiteiro fizera algum trabalho para um grupo religioso sediado na cidade de Tachikawa, alguns dias antes da minha palestra. Quando esse grupo religioso soube que eu seria o próximo palestrante ali, algumas pessoas comentaram: "Como é que ele ousa! Vamos lançar uma maldição mortal contra ele". O empreiteiro relatou que o tal grupo estava reunido no dojô deles e fazia uma espécie de prece ritual para lançar uma maldição mortal contra mim.

Eu gostaria que eles não tivessem me contado isso pouco antes da palestra, porque com certeza não me fez sentir muito bem. Mas meus secretários na época devem ter pensado: "Precisamos contar ao Mestre. Não podemos correr o risco de que ele de repente morra no palanque. Precisamos contar, para que ele possa se defender".

Quando fui notificado da situação, pensei: "O quê? Lançar uma maldição para me matar? Eles que sigam em frente se acham que são capazes disso". Meus secretários cumpriram com o dever deles ao me contar, e como o tal grupo havia me colocado como alvo, não tive outra escolha a não ser repelir a maldição. Pensei: "Façam, se acham que são capazes". Eles estavam fazendo uma prece ritual dizendo: "Vamos acabar com sua palestra", "Vamos destruí-la". E então, eu também segui em frente e disse a mim mesmo: "Vou repelir essa maldição!". Não me lembro de que palestra se tratava – talvez "Infinito é o Amor" ou alguma outra que realizei nessa época.

As Leis do Inferno

Após a palestra, chegaram mais informações. Os seguidores daquele grupo religioso estavam comentando: "Por que ele não morreu? A maioria das pessoas morre quando lançamos uma maldição dessa dimensão". Ouvi essa história depois que a minha palestra terminou com segurança e sucesso. Não tenho certeza se o tal grupo contava com dez ou vinte pessoas, mas elas deviam estar se perguntando: "Por que ele não caiu? Normalmente, a pessoa morre, desmaia ou é enviada a um hospital de imediato quando lançamos um *spell* juntos assim".

Tratava-se de um *spell* mesmo. É um tipo de maldição muito mais perversa e pesada. Ficou claro que o demônio estava envolvido.

Caso 2: Uma maldição lançada por uma seita de budismo esotérico em Quioto

Tive também outra experiência semelhante em Quioto. Há uma emissora de televisão chamada Kyoto Broadcasting System (KBS) que possui um auditório dentro de suas instalações. Certa vez, aluguei-o para realizar um seminário para umas poucas centenas de pessoas e, nessa minha estada em Quioto, também fui alvo de uma maldição.

O grupo da cidade de Tachikawa que mencionei há pouco (Shinnyo-en) baseia-se no budismo esotérico, e há outro grupo desse tipo em Quioto. Seu fundador já faleceu, mas ele ganhou popularidade na década de 1970, cer-

Maldições e possessão

ca de dez anos antes da fundação da Happy Science. Seu fundador era mais velho que eu. Liderara seu grupo por vários anos, mas a religião não conseguia ganhar popularidade. Acho que sua esposa era dentista, e ele vivia à custa da renda dela, e foi assim que continuou por várias décadas.

Um dia, porém, seus livros, como *Astrologia Esotérica Budista*, de repente viraram *best-sellers*. Ele proclamava coisas como "o budismo esotérico pode mudar sua sorte", e "se você tem pais ruins, rompa este carma entre pai e filho". De modo semelhante à disciplina dos Mil Dias de Circum-ambulação, ele defendia os "Mil Dias da Disciplina de Meditar Sentado" e dizia: "Se você meditar sentado em determinada postura durante mil dias, será capaz de cortar os maus laços espirituais entre pai e filho e melhorar sua vida".

Ele também popularizou algumas expressões como: "Mude de canal". Simplificava os ensinamentos e dizia: "Apenas mude de canal; então, suas vibrações poderão sintonizar um lugar diferente, e sua vida irá mudar". É mais ou menos a ideia de você poder se tornar buda instantaneamente em seu tempo de vida. Ele ensinava: "Você só precisa mudar sua mente de canal; então, na mesma hora, poderá se tornar super-humano". Sua religião ganhou popularidade e fez certa sensação. Parece que alguns de seus membros trabalhavam numa agência de publicidade, então aparentemente o grupo estava se promovendo bem.

As Leis do Inferno

No entanto, as pessoas desse grupo também pareciam guardar rancor de mim, e tentaram lançar uma maldição mortal contra mim. Quando souberam que eu viria a Quioto, lançaram essa maldição, mas meu seminário transcorreu sem qualquer problema. Não sei o porquê, mas soube mais tarde que o fundador do grupo exclamava: "Como é possível que não tenha morrido!? Qualquer um em quem eu coloque uma maldição deve morrer". (O nome do grupo é Agon Shu, uma seita budista baseada nos Sutras Agama, conhecido também como Budismo Esotérico Kiriyama.)

Seitas budistas esotéricas do mal costumam ser semelhantes a esta. Praticam algo parecido com o vodu; os praticantes têm essa habilidade de matar alguém lançando maldições. Conseguem fazer isto provavelmente porque acreditam que seu alvo é um demônio.

De qualquer modo, eu ouvi dizer que sua maldição foi repelida e que ele sofrera um colapso quando estava realizando algum tipo de ritual.

Se você emite muitas vibrações negativas, sua mente sintoniza com o Inferno

Se a pessoa que é alvo da maldição é realmente má e está tentando tornar o mundo um lugar pior, uma maldição pode de fato derrubar essa pessoa. Nesse caso, a maldição não é repelida e produz efeito. Porém, se a pessoa visada

Maldições e possessão

está realizando esforços diligentes e sérios em seu aprimoramento, então a maldição pode ser "invertida" e repelida. É o método fundamental chamado de "lei do espelho".

Quanto mais tempo as pessoas vivem, é comum que atraiam para si o ódio e a inveja dos outros ou acabem magoando-os sem querer com suas palavras. Nessas horas, para não cair cegamente em armadilhas, é importante estar sempre num estado de conseguir repelir maldições, como uma forma de autoproteção.

Se você reage à raiva com raiva e se as duas partes continuam revidando, a situação só piora. Isso costuma acontecer com a violência doméstica ou com as brigas; quando você abusa verbalmente de seu parceiro, ele revida da mesma forma. Então, a situação tende a se intensificar, e quanto mais você discute, mais o outro retruca. E logo uma luta física se inicia. Uma vez que começam os socos e chutes, um pode trazer uma faca de cozinha e o outro pode revidar jogando panelas e frigideiras. Essa é uma história de que eu realmente já ouvi falar. Essas coisas realmente vão ganhando proporções cada vez maiores.

Portanto, é muito importante não se deixar afetar pelo veneno alheio. Se você guarda rancor em relação a alguém, amaldiçoa ou fica furioso com essa pessoa, isso pode causar desarmonia não apenas na sua mente, mas também na da outra pessoa. Se sua mente é perturbada desta forma e esse estado se prolonga, ou seja, se sua mente está sempre emitindo vibrações negativas, aos poucos elas se sintonizará com um reino no Inferno onde haja espíritos com vibrações semelhantes às suas.

Alguns espíritos nem sequer conseguem ir para Inferno, e ficam vagando por este mundo à procura de outras pessoas com uma mentalidade parecida. Com base na Lei da Sintonia de Vibrações, quando a mente de uma pessoa viva emite pensamentos semelhantes aos dos espíritos do Inferno, ou dos maus espíritos ou espíritos malignos que perambulam pela Terra, esses espíritos são atraídos para a pessoa como por um ímã.

Quando se trata de um sentimento temporário que logo desaparece, então esses espíritos não conseguem possuir você por muito tempo. É como a superfície de um lago. Se você atira uma pedra num lago, primeiro formam-se ondas, mas em seguida elas diminuem e a superfície volta a ficar tranquila. Do mesmo modo, você se torna capaz de repelir esses espíritos. Porém, se continuar atirando pedras no lago, uma após a outra, a água ficará sempre agitada; sua mente pode também ficar num estado constante de agitação. À medida que você passa certo período de tempo emitindo vibrações ruins, como se fossem ondas agitadas, começa a entrar em sintonia com espíritos de mentalidade semelhante, mesmo que não saiba que tipo de vibração é essa, num sentido religioso. Para usar uma frase já mencionada – "mude de canal" –, nessas situações seu "canal" será sintonizado com espíritos de mentalidade afim, e eles virão até você.

Maldições e possessão

2
Os Três Venenos do Coração que estão sintonizados com o Inferno: Gana, Ira e Ignorância

Gana: os contos folclóricos japoneses alertam sobre o desejo excessivo

Falei a respeito da mente negativa, mas, como costumo citar em meus ensinamentos, o que melhor a representa são os Três Venenos do Coração: gana, ira e ignorância. Gana significa desejo excessivo. É exemplificada pelo casal de idosos gananciosos dos contos tradicionais japoneses. Ter um desejo excessivo levará você a colher o que merece.

Vamos pegar, por exemplo, a história intitulada *O Homem que Fez as Flores Desabrocharem*. Um casal de idosos tinha um cão que não parava de latir em seu quintal, então o senhor cavou no lugar onde o cachorro estava latindo e encontrou vários tesouros. Ao saber disso, um casal de idosos muito gananciosos que morava ao lado deles pediu o cão emprestado. O velho ganancioso levou o cachorro à força para sua casa e obrigou-o a latir. Com relutância, o cão começou a latir. Mas, quando o homem cavou, não encontrou nenhum tesouro; em vez disso, descobriu ali tralhas sem utilidade e criaturas monstruosas. O velho ganancioso ficou irritado e matou o cão que pegara emprestado. Os donos do cão enterraram seu amado animal e fizeram um túmulo para ele. Então, uma árvore cresceu ali. Quando eles cortaram a árvore, queimaram-na e espalharam suas cinzas no local, ocorreu um milagre: flores de cerejeira começaram a brotar uma atrás da outra. Ao saber disso, um senhor feudal passou por lá e recompensou o homem que fez as flores brotarem. Então, o velho ganancioso disse: "Eu também sei fazer flores brotarem com facilidade" e tentou fazer o mesmo; mas as flores não brotaram, e o homem ganancioso foi punido.

Essa história nos revela que, desde os tempos antigos, as pessoas acreditam que aqueles que têm um desejo excessivo são punidos de alguma forma neste mundo. Ou melhor, acreditam que alguma espécie de punição divina irá cair sobre eles de acordo com a Lei de Causa e Efeito.

Portanto, ser ganancioso é um vício. A ganância excessiva tem sido considerada um vício que gera vários males.

Isso geralmente se mostra verdadeiro. Não há nada de errado quando as pessoas vivem de maneira adequada ao seu nível, mas algumas pessoas desejam mais do que merecem.

Acabei de mencionar a história do milagre vivenciado por um velho casal, mas o mesmo pode ser dito sobre a loteria. A simples notícia de que seu vizinho ganhou na

Maldições e possessão

loteria pode muito bem perturbar sua mente. Você pode pensar: "Por que eu não consigo ganhar?" e ficar tentado a descontar esse sentimento de frustração em cima de alguém ou de alguma coisa. A gana surge de várias maneiras diferentes.

A ganância e o impulso de cometer maldades – exemplos de ex-estudantes promissores de escolas de prestígio

Algumas pessoas podem ter a inveja despertada simplesmente ao verem outras pessoas obtendo boas notas nos estudos. Por exemplo, algum tempo atrás, vi um artigo no jornal sobre um incêndio que ocorreu na prestigiosa Escola Secundária Kaisei quando ela realizava seu famoso evento esportivo anual. O incêndio começou num depósito de equipamento de educação física, e foi preciso chamar o caminhão dos bombeiros. Descobriu-se então que o responsável por iniciar aquele incêndio havia se formado naquela escola. Ele tinha a expectativa de que ao ingressar na Kaisei teria um futuro brilhante, mas as coisas acabaram não acontecendo do jeito que ele esperava. Então, ao ver os alunos se divertindo no evento esportivo, sentiu necessidade de causar um alvoroço com o incêndio. Lembro de ter lido isso um bom tempo atrás.

Há outra história. Antigamente, os cursos pré-vestibulares eram muito populares no Japão, embora eu não tenha certeza se isso ainda é assim na presente época. Hoje, as pessoas têm menos filhos, então a situação talvez tenha mudado em relação ao passado. Mas naqueles dias não havia faculdades e universidades em número suficiente para acomodar todos aqueles que queriam fazer um curso superior, e mesmo a construção de novas escolas não conseguia resolver o problema. Por isso, cerca da metade dos candidatos precisavam estudar mais um ano e prestar vestibular no ano seguinte. Essa situação estendeu-se por um bom tempo.

Dentre esses cursos vestibulares, o da Escola Preparatória Sundai era especialmente conhecido por obter bons resultados em colocar seus alunos nas universidades. Os melhores alunos dessa escola estudavam no período da manhã. No cursinho matutino havia turmas de ciências humanas e ciências exatas, e metade dos alunos que frequentavam esses cursos entrava na Universidade de Tóquio.

Um desses alunos afirmou certa vez que tinha vontade de jogar uma bomba naquele prédio. Disse que, se o edifício explodisse, iriam morrer de duzentos a trezentos alunos, que de outro modo acabariam ingressando na Universidade de Tóquio; ou seja, isso criaria mais vagas e menor competição para entrar na universidade. Esse também é um problema associado à ganância. Ou talvez envolva não só gana, mas uma sobreposição de raiva e tolice, que irei abordar em seguida.

Maldições e possessão

Ira: o que fazer quando você fica furioso por não conseguir vencer

A seguir temos a ira ou raiva. Esse sentimento é comum entre os humanos, e o mesmo ocorre com os animais. Eles irão lutar contra quaisquer inimigos que os visem e os ataquem. Uma briga entre um cachorro e um gato é uma cena e tanto. Quando o cachorro late, o gato arqueia seu dorso, fica todo arrepiado, com o rabo empinado, e emite um chiado. O gato sabe que é fisicamente inferior ao cão, então aguarda o momento certo para desferir um golpe fatal; fica tenso e pronto a arranhar o nariz do cão se este atacar. O cão também sabe disso, e só ataca quando o gato baixa a guarda. Existe uma tensão semelhante à de uma luta de kendô. Às vezes, um dos lutadores pode fugir de repente, se concluir que não é páreo para o outro.

O mesmo acontece com os humanos. Onde há competição, surge a disparidade entre o superior e o inferior. Algumas pessoas abrigam pensamentos como: "Quero acabar com os outros", "Quero ser o único vencedor" ou "Quero chutá-lo desse cargo". Esse coração irado é algo que surge naturalmente, e só cessa quando a pessoa conhece a Verdade religiosa.

Vejamos, por exemplo, os testes das atrizes para a obtenção de um papel. Muitas mulheres bonitas comparecem para fazer o teste, e algumas podem ficar aborrecidas e pensar: "Não vou conseguir esse papel com tanta gente competindo". Até mesmo uma atriz muito famosa, ganhadora de um Oscar, declarou certa vez: "Numa audição, você encontra centenas de pessoas tão lindas quanto você. Eu participei de uma centena de testes assim, e fui reprovada uma centena de vezes".

Ao que parece, a atriz que fez o papel de Gwen em *O Espetacular Homem-Aranha* (Emma Stone) passou por essa experiência. Mesmo alguém como ela, ganhadora de um Oscar, disse ter participado de centenas de testes e sido rejeitada centenas de vezes quando estava em início de carreira. Isso significa que há muitas garotas igualmente charmosas e belas, e que é fácil reunir uma centena delas. Portanto, é realmente uma situação desafiadora.

Nessas horas, é importante manter a paz de espírito e continuar se aprimorando e lapidando a si mesmo, em vez de simplesmente ficar com inveja, ressentimento ou raiva dos outros. Mas isso não é algo simples.

O mundo não gira em torno de você, e nem sempre tudo vai dar certo para você e somente para você. Há outras pessoas que também estão buscando a autorrealização, o sucesso e a felicidade. É difícil saber que tipo de "prêmio" será apropriado para você, e você só vai saber o que é adequado a você ao longo da vida.

Há momentos em que seus esforços não dão frutos. Você com certeza já viveu fases assim, mas precisa dizer a si mesmo que está sendo testado nessas horas. Quando nossos esforços não rendem frutos, estamos sendo testados para ver se desistimos ou não.

A relação de concorrência pode ser de uma chance em dez, uma em cem ou mesmo uma em milhares; portanto, quanto mais gente desiste, menor a concorrência. Isso também é uma bênção, porque a competição termina sem um banho de sangue.

Dessa forma, algumas pessoas acabam desistindo diante de situações difíceis ou das adversidades, enquanto outras ficam aguardando que o número de concorrentes diminua. Mas, se você continua se esforçando independentemente do que acontece, em algum momento terá diante de si a melhor oportunidade de alcançar os resultados que deseja. E, quando essa hora chegar, você será testado para ver se consegue agarrar a oportunidade.

A vida é dura, mas guardar rancor ou ressentimentos em relação a outras pessoas não vai melhorar as coisas. Continue fazendo o que está ao seu alcance e aguarde o surgimento de uma oportunidade no seu caminho.

Se a oportunidade não surgir, outro caminho se abrirá

No entanto, há momentos em que as oportunidades não vêm até você. Nesse caso, é a Vontade Divina, e não há nada que você possa fazer a esse respeito. A Vontade Divina pode estar lhe mostrando: "Encontre uma nova profissão" ou "Existe um outro caminho para você". Pode ser que a pessoa faça um teste para um papel em um filme e seja aprovada por acaso, e até consiga se tornar atriz, mas então ganha má reputação logo na primeira obra e desaparece da indústria do cinema. Você nunca sabe o que pode acontecer.

Eis uma coisa que ouvi do dono de uma relojoaria da qual sou cliente. Depois de se formar em Direito pela Universidade Waseda, ele começou a estudar para prestar o exame da Ordem dos Advogados enquanto trabalhava meio período numa loja de departamentos, onde demonstrava e vendia relógios. Como já estudava havia alguns anos para o exame da Ordem, era um pouco mais velho que outros estudantes que também trabalhavam ali meio período. Isso lhe rendeu mais credibilidade e vendas do que seus colegas. Como conseguia realizar mais vendas, continuou trabalhando ali e isso virou sua ocupação principal, tornando-se um vendedor de relógios. Tempos depois, abriu a própria loja de relógios, na qual trabalha há várias décadas.

Ele estava estudando para o exame da Ordem, mas, quando se deu conta, administrava uma relojoaria. Essa foi uma mudança de rumo em sua vida totalmente inesperada. Talvez nem desconfiasse, durante seu trabalho de meio período na loja de departamentos, que era capaz de vender mais relógios do que qualquer outra pessoa que trabalhava ali.

Maldições e possessão

Para prestar o exame da Ordem, ele lia muitos livros e esforçava-se para memorizar leis e jurisprudências. Continuou prestando o exame ano após ano, enquanto trabalhava vendendo relógios. Ele disse que foi até a Prefeitura de Tokushima e vendeu relógios na Loja de Departamentos de Marushin. Vendia relógios há vários anos, por isso era mais velho do que os outros que trabalham meio período; os clientes sentiam que ele tinha mais experiência de vida e credibilidade. Eles provavelmente o viam como um funcionário sênior da relojoaria. E então, inesperadamente, começou a demonstrar seu talento e acumular conhecimento relacionado ao negócio. Ao ler os manuais das várias marcas de relógios que vendia, foi aprendendo a respeito deles e começou a vendê-los por conta própria. Começou a importar relógios ele mesmo e abriu a própria loja.

Coisas assim acontecem, por isso é melhor não ficar limitando sua vida pensando: "Isso é tudo o que tenho".

Uma pessoa que pode gerenciar uma relojoaria e ter sucesso não parece muito adequada para se tornar juiz ou promotor. Alguns advogados podem ter sucesso por sua habilidade em argumentar, mas advogados não são vendedores. Desde o Período Meiji, existe uma palavra em japonês para isso: *sanbyaku-daigen* (literalmente, um vigarista que assume casos cobrando barato – 300 moedas – e usa várias artimanhas para vencer uma causa). Assim, alguns advogados exercem a profissão como se fosse um mero negócio, trabalhando apenas para vencer suas causas, mesmo que isso envolva contar mentiras. Na série da tevê japonesa *Legal High*, o advogado Komikado vence todas os casos que assume, mas advogados com essa mentalidade de vendedor acentuada demais podem perder sua credibilidade. Precisam manter a calma e ser controlados até certo ponto.

É difícil saber que tipo de aptidão você tem. Mas, se você vive com seriedade, em algum momento um caminho irá se abrir para você. Quando eu era jovem, li a frase: "Na vida, quando uma porta se fecha, outra se abre" e realmente acredito que isso seja assim. Olhando para minha vida em retrospectiva, vejo que também estudei muitos assuntos e fiz diferentes tipos de trabalho. De uma perspectiva geral, meu principal papel agora é o de líder religioso. E o que constitui a espinha dorsal do meu extenso trabalho é o fato de conhecer vários tipos de pessoas, inclusive estrangeiras, de ter me encontrado e conversado com elas e de ter visitado diversos lugares. O mesmo vale para os estudos; estudei uma grande variedade de assuntos.

Se alguém fosse dar uma palestra aberta ao público sobre maldições e possessão como seu trabalho principal, dificilmente viria muita gente para assistir. Talvez viessem pessoas que gostam de assuntos ligados à religião, mas acho que pessoas comuns não viriam. Mesmo que o palestrante fizesse a palestra numa universidade,

Maldições e possessão

compareceriam apenas os alunos de cursos de religião – portanto, é um tema que traria não mais que alguns alunos. É assim que são as coisas.

Ignorância: desconhecer a Verdade Búdica é um convite à tolice

Depois da gana – ou ganância –, e da ira – ou coração irado –, o próximo elemento é a ignorância. Ela significa tolice, mas seu sentido original é "não conhecer a Verdade Búdica". Muitas pessoas neste mundo desconhecem a Verdade Búdica. Mesmo aquelas que têm alto nível social, credibilidade na sociedade, boa instrução ou altos conhecimentos muitas vezes desconhecem totalmente a verdade religiosa. É uma pena.

Por exemplo, os médicos geralmente fazem um trabalho de *bodhisattva* que salva vidas; do mesmo modo os enfermeiros, também chamados de "anjos de branco". Quando fazem um bom trabalho, com boas intenções, têm a possibilidade de retornar a um mundo de anjos ou *bodhisattvas*. Mas há médicos e enfermeiros de todo tipo, inclusive aqueles que tratam os pacientes de forma precária ou cometem erros médicos recorrentes. Eles podem sofrer ao sentirem um peso na consciência ou, ao contrário, continuar realizando ações que são quase ilegais.

Portanto, a profissão não é o único fator que determina seu destino. Seja qual for sua profissão, os pontos essenciais são "o tipo de pensamento que você teve em vida" e "o tipo de conquistas que deixou para trás".

Desconhecer a verdade religiosa é algo predominante no campo da ciência médica, e se espalhou até para o campo dos estudos religiosos e budistas. Mesmo ensinando sobre Buda e o budismo, alguns professores pensam: "Não existem coisas como o espírito ou a alma" ou "Deus ou Buda não existe". Alguns argumentam que "Buda pode ter existido no passado, mas agora é apenas uma estátua de madeira esculpida". Outros creem que: "A estátua de bronze de Buda sentado é oca por dentro. Seja a de Kamakura ou a de Nara, é vazia por dentro e os turistas podem olhar seu interior. É oca; então, é óbvio que a alma não está ali. De que adianta rezar para essas estátuas que os turistas e estudantes em excursão escolar visitam, entram nela e sobem escadas para examinar?".

Ou seja, há pessoas que acreditam que a estátua de Buda, seja ela de bronze, madeira ou marchetaria, é na realidade o próprio Buda. Existem pessoas nesse nível, que têm apenas uma compreensão cultural disso. Alguns pesquisadores chegam a acreditar que "Buda era um homem primitivo do Período Jomon (cerca de 14.500 a.C. a 300 a.C.); então, não teria como transmitir ensinamentos de nível tão elevado. Se os interpretarmos no contexto moderno, eles não são grande coisa".

Maldições e possessão

a) A tolice de traduzir superficialmente os ensinamentos de Confúcio removendo deles o tom digno e solene

O mesmo pode ser dito do estudo do confucionismo. Não irei comentar se Confúcio foi um grande homem ou não, mas *Os Analectos* conseguem manter um tom poderoso quando traduzidos de maneira nobre, digna. No entanto, se forem traduzidos para uma linguagem moderna simplificada, fácil de entender, muitas partes deles podem não conter nenhum significado.

Por exemplo, há uma frase em *Os Analectos* que diz: "E não é agradável que homens de espírito semelhante venham de longe?". Se esse trecho for traduzido mais ou menos como: "Meus amigos vieram de longe me ver. Não é divertido passar um tempo juntos?", não posso deixar de sentir que isso soa superficial e pouco inteligente demais para mim. Se você interpretar simplesmente como: "Alguns amigos que moram muito longe e não vejo com frequência vieram me visitar. Que divertido", você sem dúvida questionará por que deveria ser grato por aprender algo desse tipo.

Vejamos outro exemplo. Perguntaram a Confúcio: "Existe um mundo após a morte?". Ele respondeu: "Se não conhecemos a vida, como poderemos conhecer a morte?". Estas palavras significam: "Se você não sabe a respeito da vida neste mundo e de seu significado, como poderá saber algo sobre a vida póstuma?". Quando isso é dito de maneira digna e nobre e você atenta para o seu significado captando seu tom divino, então torna-se um ensinamento importante.

Esta frase ensina às pessoas que estão vivas: "Primeiro, corrija sua vida atual antes de pensar na vida após a morte. Antes de mais nada, você deve viver sua vida da maneira correta agora. Só então você deve considerar a vida após a morte". Acolhendo suas palavras com boa intenção, elas podem ser entendidas da seguinte maneira: "Não importa o quanto você pense no mundo após a morte, se você não está sendo bom no presente, não há como ser bom na outra vida. Não faz sentido você se preocupar com isso. Portanto, faça o seu melhor no presente. Viva a melhor vida possível agora. O resultado disso irá se manifestar na vida após a morte".

b) O erro na interpretação do budismo cometido pelas escolas Tendai e da Verdadeira Terra Pura

Algumas pessoas podem perguntar: "Fiz um monte de coisas erradas, mas você não poderia me ajudar de alguma maneira a ir para o Céu depois de morrer?". Essas pessoas podem ir para o budismo esotérico e buscar a salvação "instantânea", do mesmo jeito que você prepara macarrão instantâneo em três minutos.

Não quero criticá-las muito, e talvez os praticantes da Escola de Budismo Tendai do Monte Hiei tenham

Maldições e possessão

alguma hostilidade em relação a mim. Mas é que eles simplesmente pegam uma parte do ensinamento de Buda e pregam: "Os seres humanos têm uma natureza búdica. Somos todos filhos de Buda, então todo mundo já é um buda".

Os praticantes de várias escolas budistas escalam o monte Hiei para receber um treinamento budista, mas todos questionam: "Por que precisamos de treinamento se somos todos orginalmente iluminados e filhos de Buda e dotados de natureza búdica?". Eles não encontram uma resposta para esta questão. Mesmo depois de completar alguns anos de treinamento no monte Hiei – às vezes até dez ou vinte anos –, muitos desses praticantes descem o monte sem ter encontrado a resposta.

Isso ainda hoje acontece. Alguns praticantes budistas disseram ter descoberto finalmente a resposta depois que encontraram a Happy Science e leram meus livros. Acho que foi na década de 1990; dois sacerdotes budistas, monges "Dai-sojo" (o mais elevado nível do sacerdócio budista) da Escola Tendai, tornaram-se ao mesmo tempo nossos membros regulares, o que atualmente chamamos de "membros devotos". Um deles havia concluído o treinamento dos "Mil Dias de Circum-ambulação". Acho que apenas três pessoas no Japão haviam concluído esse treinamento após a Segunda Guerra Mundial; o treinamento consistia em caminhar dezenas de quilômetros durante mil dias. Essa pessoa declarou: "Na realidade, eu mesmo não sabia ao certo se seria de fato capaz de me tornar um buda ao completar a prática da circum-ambulação. Mas depois que li os livros da Happy Science, entendi pela primeira vez que a iluminação é algo diferente. Foi por isso que entrei para a Happy Science".

Da perspectiva de outros grupos religiosos, às vezes faço declarações fortes sobre coisas que podem soar um pouco hostis a eles. Mas mesmo entre os seus seguidores há alguns que buscam a fé de maneira pura e conseguem entender e aceitar o que eu ensino.

Há problemas também com os ensinamentos no budismo da Verdadeira Terra Pura; eles ensinam que não importa o quanto uma pessoa seja má, o Buda Amitaba irá salvá-la. Mas, dependendo de como isso é utilizado, pode pender tanto para o bem quanto para o mal.

Algumas pessoas podem dizer: "Fiz coisas ruins demais ao longo da vida. Será que não tenho nenhuma chance de salvação?". Se os praticantes do budismo da Verdadeira Terra Pura usam aquele ensinamento de maneira positiva, é possível que digam a elas: "Mesmo que tenha tido uma vida assim, você ainda tem chance enquanto estiver vivo. Mude sua mentalidade, aprimore-se e contribua para o mundo; então, ainda haverá um caminho para você se iluminar".

Mas o grupo pode também fazer mau uso do ensinamento e dizer: "É claro, você pode ser salvo, porque o sutra diz que mesmo uma pessoa má poderá ser salva".

Maldições e possessão

Alguns deles afirmam que há o ensinamento: "Você será salvo se entoar dez vezes o nome do Buda Amitaba" ou "Basta você entoar o nome do Buda Amitaba uma vez, e Amitaba irá salvá-lo". E há aqueles que chegam até a dizer: "No momento em que você decide e pensa em entoar o nome do Buda Amitaba, você já foi salvo". A essa altura, porém, o ensinamento deles já pode ser comparado ao potinho de macarrão instantâneo. Você pode cozinhar um miojo em três minutos, basta despejar água fervendo nele e fechar a tampa. É só esperar três minutos. Para usar a metáfora do potinho de miojo, o budismo da Verdadeira Terra Pura está tornando o ensinamento cada vez mais simples, como se dissesse: "Não, não precisa esperar três minutos. Com um minuto apenas já está pronto. Na realidade, esse macarrão é tão bom que só de você pensar em despejar água quente ele já cozinha. É assim mesmo. Na hora em que você pensa em despejar a água fervendo, ou mesmo quando ainda está enchendo a chaleira de água e pondo para esquentar, o macarrão já está pronto". Posso entender que eles tenham desenvolvido o ensinamento desse modo, mas ao chegar a esse ponto, eles foram longe demais.

Seguindo esse raciocínio em termos criminais, por exemplo, vamos supor que uma pessoa esfaqueia e mata outra e é sentenciada a dez anos de prisão. O ensinamento acima seria semelhante a dizer a essa pessoa que está prestes a ir para a cadeia e pagar por seu crime: "O fato de você estar indo para a prisão para cumprir dez anos significa que já foi libertado. Você estará fora da cadeia daqui a dez anos de qualquer maneira, então entrar na cadeia equivale a já ter sido libertado". Se a pessoa não foi sentenciada à morte, ela acabará sendo libertada um dia, mas essa maneira de pensar é totalmente questionável.

Na realidade, muitos dos sentenciados a dez anos de prisão não cumprem toda a sentença. Na maioria dos casos, a pena é reduzida levando em consideração seu comportamento arrependido, sua atitude em relação ao trabalho, sua mudança de personalidade e se leem livros ou se tornam mais educados. Esses aspectos são analisados como um todo, mas existe um *processo* entre a causa e o efeito, e *condições* que se interpõem entre a causa e o efeito.

Suponhamos que alguém foi condenado a dez anos de prisão. Lá, esse indivíduo mudou seu coração por completo – talvez tenha lido um livro escrito por Shinran[2] e feito um esforço para sorrir para os outros e dizer palavras afetuosas – e recebe uma redução de dois anos da sentença, podendo então ser libertado após 8 anos na prisão. Se ele sente: "Ah, devo tudo isso ao Buda Amitaba. Sou profundamente grato", ele terá em grande parte conseguido uma reabilitação.

Ao contrário, pode ser que ele não tenha se arrependido e ainda exiba uma atitude desafiadora, mesmo depois de cumprir a sentença de dez anos. Talvez pense: "Bem, matei aquele homem porque ele era um cara ruim. Ele teve o que mereceu. Eu apenas o matei em nome dos Céus. Era um cara mau que vagava por aí graças à incompetência da polícia em fazer algo a esse respeito. Teria cometido mais maldades e crimes, então evitei isso matando-o. Fiz uma boa coisa. Dei-lhe o castigo do Céu, ou melhor, uma 'punição de um homem'". Mesmo que seja libertado após cumprir uma pena de dez anos, alguém com esse tipo de mentalidade provavelmente voltará à prisão depois de alguns meses porque não conseguiu mudar sua mente.

Estudiosos que ignoram a Verdade vão para o Inferno, mesmo que não sejam maus no mundo terreno

Não saber diferenciar as questões no sentido religioso é algo grave. Alguns acabam indo para o Inferno, mesmo não sendo considerados "pessoas más" pelos critérios deste mundo. Há estudiosos que não têm nada a ver com os crimes terrenos e nem sequer violaram alguma lei do Código Civil; nunca foram processados por algum ato ilícito ou delito passível de punição. Como estudiosos, realizaram pesquisas, escreveram livros e deram aulas ou palestras de vez em quando. Foram muito sérios e diligentes em suas pesquisas, mas apesar disso tudo acabaram no Inferno. Isso porque o que eles encaravam como a "Verdade" estava absolutamente equivocado. Escrever um livro sobre ideias

As Leis do Inferno

desvirtuadas e divulgá-las aos outros seria o oposto do trabalho missionário comum, correto, da religião.

Há o caso de um indivíduo que estudou meticulosamente o budismo, conhecia em profundidade os sutras antigos e resgatou-os ao traduzi-los do sânscrito para línguas modernas. Mas a conclusão a que chegou foi a seguinte: "Buda Shakyamuni pregou a teoria da inexistência do espírito e da alma. A ideia de Buda a respeito de *anatman*, ou ausência de ego, ensina que espíritos e almas não existem. As religiões na Índia antes da época de Buda acolhiam a ideia de *atman* ("eu"); elas ensinavam que os seres humanos têm alma e que a alma abandona o corpo quando morrem. E Buda foi o pensador revolucionário que inverteu essa ideia e disse que espíritos e almas não existem".

Essa pessoa então concluiu: "Espíritos e almas não existem; portanto, nossa vida se limita a este mundo. É por isso que todas as coisas são impermanentes e todos os fenômenos são desprovidos de ego. Ao morrer, simplesmente voltamos ao solo. E nirvana significa que nossa alma desaparece na morte, como a chama de uma vela quando se apaga. Esta é a explicação da 'impermanência de todas as coisas', 'da ausência de ego em todos os fenômenos' e 'da tranquilidade perfeita do nirvana'. Esta é a verdade".

Entretanto, não é essa a conclusão a que ele deveria ter chegado a partir de sua pesquisa; talvez uma pes-

Maldições e possessão

soa comum pudesse chegar a isso se não lhe tivesse sido ensinado nada. Pelo menos, é o que a maior parte dos que estudaram apenas os livros didáticos aprovados pelo Ministério da Educação do Japão devem pensar hoje, ou seja: "Quando o ser humano morre, é o fim". Quase todo mundo acaba pensando dessa forma porque seu conhecimento não vai além do que está escrito nesses livros escolares.

Alguns desses livros didáticos relatam que os povos dos antigos períodos Jomon ou Yayoi (de ca. 300 a.C. a 250 d.C.) acreditavam em vida após a morte. Naquela época, as pessoas enterravam os mortos em urnas de barro ou quebravam as pernas dos mortos, ajeitavam-nos em posição fetal e punham uma pedra pesada sobre a sua barriga antes de enterrá-los. A razão é que receavam que os mortos pudessem voltar à vida. Alguns relatos sobre esses tempos antigos dizem que as pessoas acreditavam na alma e no espírito. Mas, afora isso, não aprendemos que as almas existem realmente, nem nos estudos sociais nem nas aulas de ciências.

Fantasmas e demônios aparecem nos filmes de terror, como uma forma de entretenimento, mas, no momento, sua existência não é aceita pelos meios acadêmicos como verdade científica. É uma pena, mas é a realidade.

Nos Estados Unidos, no final do mandato do ex-presidente Donald Trump e mesmo durante o mandato do presidente Joe Biden, o governo anunciou a existência

As Leis do Inferno

de casos de objetos voadores não identificados, embora afirmasse não ter certeza do que seriam eles. No mandato de Trump, foram apresentados três casos detectados pela NASA, ou melhor, pela Força Aérea, considerados eventos extraterrestres ou pelo menos não originários da Terra. Na presidência de Biden, foram apresentados cerca de 143 casos. Disseram que não havia sido possível identificar o que eram tais fenômenos e usaram termos como "objetos voadores não identificados" (óvnis). No entanto, reconheceram a existência de algo desconhecido, e muitos outros países também relataram incidentes semelhantes.

Quanto ao governo japonês, porém, a posição oficial continua a mesma: "Não temos nenhuma informação a respeito de avistamento de óvnis". Eles não admitem sequer um único caso de óvni. No Japão, os óvnis são temas apenas de programas de fofocas na tevê ou de programas especiais sobre fenômenos paranormais ou de horror. Alguns aficionados pelo assunto também postam ou mostram fotos do que parecem ser óvnis, mas a interpretação oficial do governo é que não houve um único avistamento. Mesmo quando pilotos da Força de Autodefesa Aérea do Japão ou aviões comerciais da JAL ou da ANA avistam óvnis, evitam comunicar oficialmente ao governo, pois temem ser considerados mentalmente desequilibrados. Há inúmeros casos assim, que demonstram a "ignorância da Verdade".

Maldições e possessão

3
Orgulho, desconfiança e visões errôneas levam a maldições e possessão

Os problemas do orgulho e da desconfiança

Além dos Três Venenos do Coração já citados, ainda existem o orgulho, a desconfiança e as visões errôneas.

O excesso de orgulho torna você arrogante como um *tengu* (um *goblin* de nariz comprido). Essa é uma mentalidade que também pode provocar sua queda. Algumas pessoas podem dizer: "Sou notável", "Nasci grande" ou "Sou melhor que os outros por causa de tais e tais condições". Mas, se você se considera alguém excepcional, especial, praticamente um deus, está sujeito a cometer erros.

Em seguida vem a desconfiança. No mundo atual, a desconfiança é disseminada pela ciência aliada aos meios de comunicação de massa. Algumas pessoas dizem: "Você precisa duvidar, duvidar e duvidar. E somente aquilo do que não dá mais para duvidar é verdadeiro e autêntico". Às vezes, isso pode estar certo, mas no processo de duvidar você pode acabar vendo tudo como uma mentira, uma enganação ou uma fraude. É aqui que está o problema.

Buda Shakyamuni disse certa vez algo como: "Estou em busca do tipo de Verdade da qual não possa duvidar

As Leis do Inferno

por mais que me esforce". Aqueles que têm afinidade com tal declaração podem se apegar demais a essa ideia e ignorar os outros ensinamentos de Buda. Mas, se você ler os ensinamentos budistas como um todo, verá que eles contêm um número infindável de fenômenos místicos. Querer negar todos esses fenômenos para ver o que resta depois de duvidar e negar tudo é também desconfiança.

a) O erro de duvidar e negar os ensinamentos de Buda e sua biografia pela perspectiva do conhecimento médico moderno

Há aqueles que negam parte de seus ensinamentos dizendo: "Buda, no final das contas, era um homem da Antiguidade. Ele não sabia das coisas". Por exemplo, Buda Shakyamuni afirmou uma vez em seu sermão: "Como é possível que nasça um bebê sem ser derretido na barriga, quando a comida é digerida no estômago e excretada?" Nos tempos de Buda não se fazia distinção entre estômago e útero no plano anatômico. Mas, por exemplo, se um especialista em medicina ler esta pregação, poderá dizer: "Ah, com esse nível de conhecimento médico, nem vale a pena ler os demais trechos". Tenho certeza de que existem pessoas assim. Mas é errado escolher apenas uma frase em particular e negar o resto por ceticismo.

Em outra ocasião, Buda Shakyamuni disse: "Os seres humanos vão envelhecendo, enrugando, seus cabelos

Maldições e possessão

embranquecem, ficam calvos; as costas encurvam e eles se tornam fracos. Ficam tão velhos quanto uma carroça mambembe amarrada por tiras de couro e, no final, morrem". Buda expressou esse ensinamento em seus últimos anos de vida. Mas alguns cirurgiões plásticos podem comentar: "Não, isso não é necessariamente verdade. Hoje temos cirurgia plástica, e você pode manter uma aparência jovem indefinidamente".

Talvez a cirurgia plástica possa fazer uma pessoa parecer mais jovem, mas ela não consegue lhe garantir uma vida eterna. Mesmo que haja uma mulher que pareça fisicamente jovem e faça os outros exclamarem: "Com um corpo daquele, ela tem mesmo 80 anos? Quem diria?", ela ainda assim poderá adoecer e irá morrer. Portanto, não podemos dizer que os ensinamentos estão todos errados só porque alguns deles parecem irrealistas.

A biografia de Buda Shakyamuni descreve também que imediatamente após seu nascimento ele ficou em pé e caminhou até cada uma das quatro direções: norte, sul, leste e oeste. Alguns animais ficam em pé no dia em que nascem. Um filhote de cervo ou de cavalo começa a andar logo após o nascimento, porque de outro modo ficaria indefeso diante do ataque de predadores selvagens. Mas um ser humano não consegue caminhar assim.

De acordo com a biografia, porém, Buda foi capaz de dar sete passos e dizer: "No Céu e na Terra, sou o Supremo Mestre" enquanto caminhava até cada uma das quatro direções: leste, oeste, sul e norte. Ao lerem este trecho, aqueles que estudam medicina podem ficar céticos e afirmar: "Isso não é possível. Até ouço falar de vez em quando de alguns milagres, como uma doença ou um câncer que são curados, mas é simplesmente impossível que um bebê dê sete passos logo após o nascimento. Com base nisso, imagino que todo o resto é bobagem". No entanto, é errado duvidar de tudo em razão dessa única descrição.

Na realidade, esta história revela o seguinte: "Buda nasceu como um bebê, mas em seu corpo já residia uma alma nobre de adulto, ou mais elevada ainda que a de um adulto. É dessa maneira que deve ser entendida". Eu afirmei há pouco que ninguém nasce grande, mas o oposto também é verdadeiro, e algumas pessoas realmente já nascem grandes. Você precisa entender o quão isso é sagrado.

Buda pode ter tido um pai, uma mãe, um tio, irmãos ou um criado mais velho, mas alguém que nasce como Buda é sagrado desde o início. Não se esqueça disso. A história contém esse ensinamento.

b) **O erro de duvidar e negar todos os fenômenos místicos das escrituras budistas do ponto de vista da biologia**

Outro exemplo disso foi quando Buda Shakyamuni converteu três adoradores do fogo, os irmãos Kasyapa.

Maldições e possessão

O mais velho dos irmãos, Uruvilva Kasyapa, tinha cerca de 500 discípulos. O segundo, cerca de 300, e o mais novo, cerca de 200. Buda foi visitar os três irmãos adoradores do fogo para convertê-los, e então os três irmãos acomodaram Buda numa caverna para testá-lo. Quando Buda pediu um lugar para pernoitar, eles lhe disseram: "Não temos um quarto, mas há uma caverna aqui. Por favor, passe a noite ali".

Naquela caverna havia uma serpente venenosa. Os três irmãos já haviam testado outros praticantes que vinham visitá-los; na maioria dos casos, os visitantes passavam a noite na caverna, eram picados pela serpente venenosa e morriam. Como os praticantes perdiam a vida ali, os três irmãos acharam uma boa oportunidade para matar Buda também.

As escrituras budistas tendem a exagerar um pouco as histórias, então talvez isso não seja verdade, mas o relato diz que a tal serpente venenosa era na realidade um dragão que cuspia fogo. Seria terrível se houvesse um dragão assim dentro da caverna. Se realmente existiram ou não dragões que cuspiam fogo, não vou entrar em detalhes, mas talvez fosse um animal mais parecido com um lagarto ou uma cobra, que às vezes projeta uma língua tão vermelha quanto uma chama. O dragão também pode ter sido uma metáfora; de qualquer modo, é mais provável que fosse mesmo uma serpente venenosa – talvez algum tipo de cobra gigante.

Na manhã seguinte após Buda pernoitar ali, os irmãos foram até a caverna e ficaram chocados ao ver que Buda ainda estava vivo. "O que está acontecendo? Como é possível que ainda esteja vivo?", exclamaram. A cobra venenosa havia se tornado bem pequena, e Buda saiu da caverna com a pequena cobra deitada em algo parecido com uma bandeja. É desse modo que a escritura budista descreve que a cobra gigante se tornou bem pequena.

Este é um incidente milagroso. Essa história consta nas escrituras budistas como sendo um fenômeno místico.

Se os professores de biologia lessem apenas esta história, poderiam dizer: "Isso é impossível. Uma cobra que cospe fogo aqui na Terra seria um dragão. Embora talvez tenham existido criaturas parecidas com um dragão, será que eram capazes de expelir fogo? Hoje, Godzilla solta fogo radiativo, mas supondo que existisse um dragão há 2.500 anos, será que soltaria fogo?". Eles teriam esse tipo de dúvidas.

No entanto, várias lendas falam em criaturas que expelem fogo. Não temos como ver o aspecto físico dessas criaturas para poder pesquisá-las, então fico imaginando se de fato são reais. Mas algumas lendas do Reino Unido também falam de dragões que soltam fogo. Seriam reais? Seriam criaturas vivas ou seres artificiais? Poderiam ter sido feitas artificialmente no espaço sideral ou, ainda, ser criaturas extraterrestres. São várias as possibilidades, então não posso dizer ao certo. E mesmo que existissem

Maldições e possessão

criaturas assim, as pessoas poderiam dizer: "Não há como ela encolher e ficar menor. Como seu corpo pode se tornar pequeno? Seria como se tivesse sido atingido por um "raio encolhedor" do *Doraemon*. É impossível".

Então, o que essa história está tentando nos dizer? Há outra história na qual Buda Shakyamuni domou um elefante bêbado. Segundo a história, Devadata quis tramar contra Buda e soltou um elefante bêbado, agressivo, que havia pisoteado várias pessoas até a morte. O elefante parou diante de Buda e ergueu suas patas dianteiras, mas de repente se acalmou. Curvou-se como um cachorrinho, ficou quieto e agachou-se como fazem os elefantes para que as pessoas montem neles. Há uma história assim.

Mas acredito que esta seja uma história real. Digo isso porque ainda hoje algumas pessoas sabem usar a energia *ki* para domar animais, inclusive os selvagens, e chegam a fazê-los dormir. Suponho que Buda tivesse o poder de controlar a mente dos animais até certo ponto.

Em vista disso, a história da cobra venenosa poderia também ser verdadeira. Não se sabe ao certo se a cobra de fato encolheu de tamanho, mas é possível que tenha sido domada e perdido a hostilidade. As cobras najas expandem o corpo para deixá-lo mais amplo e parecer maior do que é. Intimidam os outros ao se mostrarem mais compridas e grandes, mas podem parecer pequenas quando param de expressar hostilidade e se acalmam, diminuin-

As Leis do Inferno

do de tamanho ao se enrolar. Portanto, é melhor não negar tudo com base apenas na desconfiança.

Visões errôneas: as ideias que se desviam da Verdade abrem caminho para maldições e possessão e para o Inferno

Depois da gana, da ira, da ignorância, do orgulho e da desconfiança vêm as "visões errôneas". Dizem que as "visões errôneas" são ao todo 62, mas na realidade parece que essas visões não têm fim, pois existem muitos tipos diferentes de ideias equivocadas.

Por exemplo, há seis grandes jornais no Japão, e todos eles apresentam diferentes opiniões. É difícil dizer quais estão certos e quais estão errados, mas tenho certeza de que muitas das opiniões que publicam estão distantes da Verdade. É importante descartar as opiniões equivocadas uma por uma e fazer um bom esforço para se aproximar da Verdade.

Aqueles que têm ideias errôneas e realizam ações errôneas tendem a ser vítimas de maldições ou a amaldiçoar outras pessoas ao longo da vida. Ao mesmo tempo, como estão constantemente pensando e fazendo coisas erradas e recebendo más influências espirituais dos outros, podem ficar com essas negatividades "grudadas" em seu corpo. Quando isso ocorre, eles podem ser possuídos por um espírito maligno do Inferno ou por um

Maldições e possessão

mau espírito daqueles que vagam pela Terra e têm uma mentalidade semelhante. Esses indivíduos podem continuar indefinidamente possuídos se o espírito não for removido. Se estiverem possuídos por apenas um espírito, não temos como dizer se irão para o Inferno, mas se estiverem possuídos por quatro, cinco, seis espíritos, isso é quase certo. Mesmo que se defendam na presença de Enma, eles tinham em si motivos suficientes para serem possuídos. É preciso saber disso.

A vida fica muito mais leve quando a pessoa consegue se libertar dessas possessões. O corpo fica mais leve e, às vezes, um novo caminho se abre em sua vida. Portanto, examine com muita atenção se a causa da possessão está dentro de você.

Mesmo que não encontre uma causa em sua mente, você pode ter tido uma conexão por acaso com determinado lugar. Hoje em dia, propriedades estigmatizadas são populares em séries de tevê e em filmes. Algumas residências são oferecidas por um preço baixo porque nesses imóveis ocorreram vários suicídios ou porque alguém foi assassinado ali. Há filmes que mostram pessoas alugando propriedades desse tipo como diversão. Mas se o local está de fato contaminado com o mal, você não deve procurar por vontade própria ter contato com esses lugares. Na mente que busca essas conexões já se encontra uma causa do resultado obtido.

As Leis do Inferno

Você pode não levar uma vida boa se decide de maneira deliberada alugar uma casa estigmatizada, ou onde espíritos soltam maldições e lançam feitiços. Os corretores de imóveis que oferecem essas propriedades mesmo estando conscientes dessas condições também estão criando infelicidade, portanto tampouco serão capazes de ter uma boa vida. Por favor, evite situações em que haja a possibilidade de ser possuído dessa maneira.

Como resultado das maldições, ou de levar um estilo de vida que atraia uma maldição, é provável que as pessoas experimentem um fenômeno chamado possessão enquanto possuem um corpo físico. Com frequência, são diagnosticadas por um psiquiatra como tendo alguma doença mental, pois apresentam uma série de comportamentos bizarros ou têm lapsos de memória quando estão fazendo algo.

Por exemplo, há casos em que uma pessoa ataca e esfaqueia outra pessoa, mas não se lembra de ter feito isso. A personalidade dela deve ter se alterado naquele momento. Isso ocorre porque a alma dela estava fora do corpo, que foi então tomado por outro espírito que praticou a ação. Se ela pode ser considerada responsável por esse ato é, de certa forma, uma questão de direito penal. Ninguém irá perguntar-lhe se estava possuída, mas a questão da responsabilidade criminal está intimamente relacionada à possessão. Isso também acontece.

Maldições e possessão

4
Como evitar cair no Inferno

Basta refletir sobre sua vida para saber para qual Inferno irá

Posso entender que as pessoas pensem sobre o Céu e o Inferno e receiem o Inferno. Mas, como diz o exemplo de Confúcio que mencionei antes: "Se não conhecemos a vida, como poderemos conhecer a morte?", você não precisa perguntar a um médium para saber para onde irá após a morte. Você saberá apenas examinando a vida que está levando.

Como é a sua mente? Se você leva um tipo de vida que queimaria os outros até a morte com as chamas da sua inveja, irá para o Inferno Abrasador. Se está envolvido com violência e derramamento de sangue, muito provavelmente irá para um lugar chamado Inferno de Ashura ou Inferno dos Fora da Lei. Se você leva uma vida corrupta voltada para a luxúria, na maioria dos casos será arrastado para o Inferno do Lago de Sangue ou para algum lugar parecido com esse Inferno.

Além desses casos, como tenho dito, há também criminosos ideológicos que defendem ideologias equivocadas, não somente em filosofia religiosa como também em filosofia política. Por terem defendido essas ideologias, eles tornaram muitas pessoas infelizes. Aqueles que veiculam pensamentos políticos errados – sobretudo entre os esquerdistas – ou pensamentos religiosos errados, e aqueles que influenciaram muitas pessoas com ideias fundamentais erradas levando-as a se desviar do bom caminho, irão todos para um lugar muito, muito profundo, chamado Inferno Abismal. É como o fundo de um poço, de onde não se consegue sair. É para esse lugar que eles irão. Portanto, não há necessidade de perguntar: "Para que Inferno irei?". Reflita sobre sua vida e você saberá. Pense nisso seriamente.

Faça um esforço para transformar sua mente num espelho e limpe-o dos maus pensamentos

Com as orientações contidas neste capítulo, por favor pense uma vez mais a respeito de maldições e possessões em sua vida.

Doenças como o reumatismo podem ter uma causa mundana, mas do ponto de vista espiritual, pessoas com reumatismo muitas vezes estão sendo possuídas por vários espíritos, como o de uma serpente. O mesmo pode ser dito sobre problemas nos ombros, como o "ombro congelado", inclusive aquela dor nos ombros que vem aos 40 ou 50 anos, e sobre condições como não ser capaz de ficar em pé por causa das costas encurvadas ou de fraqueza nas pernas. Claro, pode haver alguma causa física, mas

Maldições e possessão

se você está doente o tempo todo sem nenhum motivo particular evidente, é possível que esteja possuído por espíritos de animais e outros desse tipo.

Nessas horas, por favor faça um esforço para mudar sua mente e torná-la clara como um espelho. Faça como se estivesse passando um pano nesse espelho, limpando a mente de pensamentos ruins.

Quando seu quarto está sujo e bagunçado, não virá ninguém arrumá-lo sem sua permissão. Dificilmente você irá permitir que entrem sem pedir no seu quarto para limpá-lo. Se você deixou seu quarto bagunçado, sujo, cheio de lixo espalhado, cabe a você o trabalho de arrumá-lo.

Ao fazer a limpeza, uma pessoa egoísta pode simplesmente abrir a janela e jogar todo o lixo da casa ou do quarto na rua. Mas os vizinhos certamente vão reclamar se fizer isso. Claro, não é uma boa coisa de se fazer. Você deve saber disso.

Não importa o quanto uma mulher tenha uma boa aparência, o quanto sua voz seja agradável e vista roupas bonitas, ou quão charmosa ela seja, você ficará desapontado com ela se descobrir que seus hábitos de vida são precários. Por exemplo, você pode entreouvir algum comentário a respeito dessa linda pessoa, do tipo "Parece que ela é bem desmazelada. O quarto dela é uma pilha de lixo, e ela não lava a própria roupa, então ficam calcinhas e camisetas acumuladas num canto o mês inteiro".

As Leis do Inferno

Mesmo que você esteja muito apaixonado pela pessoa, pode se decepcionar ao ouvir isso. Afinal, devemos nos esforçar para cuidar direito das coisas pelas quais somos responsáveis.

Um estilo de vida desleixado pode levar os outros a não recomendar você para certa posição ou impedir seu trabalho de fluir bem. Mas talvez você mesmo não consiga perceber isso e se queixe: "Por que não eu?" "Por que não fui escolhido?". Pode ser que você tenha ficado com uma reputação negativa por causa de seu estilo de vida inadequado; portanto, tenha cuidado com isso, por favor.

Assim, concluo este capítulo sobre "Maldições e possessão".

CAPÍTULO QUATRO

A luta contra os demônios

— A verdade sobre os demônios e suas táticas

A luta contra os demônios

1
Historicamente, as religiões vêm lutando contra os demônios

Os demônios visam aqueles com forte poder de influência

Um dos tópicos que não posso evitar de abordar ao ensinar sobre o Inferno ou pregar as leis do Inferno é o dos encontros com demônios. As pessoas comuns podem viver sua vida sem passar pela experiência de lutar contra demônios. Isso porque o número de demônios é limitado, por isso eles não tentam possuir qualquer um. Quando eles possuem alguém, geralmente têm um objetivo. Por exemplo, o de tentar destruir a vida de uma pessoa quando acham que possuí-la lhes permitirá alcançar seu grande objetivo. Como seria isso no Inferno? Ali, os demônios trabalham como chefes de máfias; usam seus capangas para arrastar outras almas para níveis ainda mais profundos do Inferno. Mas, como eu disse, seu número é limitado, portanto não é que sejam infinitos.

O Vaticano utiliza uma espécie de enciclopédia de demônios ao treinar futuros exorcistas. Exibe a esses aprendizes os desenhos e nomes dos demônios, e eles então memorizam sua aparência, características e nomes. Não conheço bem os detalhes porque nunca recebi treinamento no Vaticano, mas soube que os aprendizes precisam memorizar os rostos e nomes de cerca de quinhentos demônios diferentes.

Existem prós e contras nisso. Se você conhece os nomes dos demônios, eles podem se servir do nome para aparecer diante de você, ou você mesmo pode atraí-los. Portanto, no meu caso, revelo apenas uns poucos nomes de demônios. Revelar mais permitiria que um número maior de demônios se aproveitasse disso para se aproximar e enganar os outros.

Em geral, é mais provável que as pessoas sejam possuídas por espíritos perdidos que vagam pela Terra, mas se os demônios mais poderosos sentem que podem exercer uma influência significativa por meio do trabalho que você exerce, podem colocá-lo como alvo. Mas para que isso aconteça, provavelmente a pessoa já deve ter atraído quatro, cinco ou seis maus espíritos.

Os demônios costumam ser encontrados dentro de organizações religiosas que são equivocadas ou absurdas, como aquelas que se tornaram "fábricas de produção de espíritos malignos", e que, por isso, podem abrigar muitos demônios.

Existem diferentes níveis de demônios: os de baixo nível, os moderadamente fortes e os poderosos. Alguns agem de modo arrogantes pelo fato de terem capangas a seu serviço, e vários alegam ser o "rei dos demônios". Desse modo, é mais difícil lidar com demônios do que

A luta contra os demônios

com maus espíritos comuns. Os espíritos que possuem as pessoas comuns costumam ser os espíritos de seus ancestrais, um espírito perdido que assombra determinado local ou um espírito que estava possuindo alguém que conheceu por acaso. Os demônios, porém, estão em um nível diferente em comparação com esses espíritos.

Muitas vezes, os filmes da Happy Science retratam ataques desses demônios, mas não se confunda, pensando: "Fui possuído por um demônio, então devo ser alguém importante". Não há nada de bom em pensar assim e se vangloriar disso, e recomendo que não o faça.

Quando você é possuído por um demônio, ao contrário do que ocorre na possessão por maus espíritos comuns, não é fácil enviá-lo para o Céu ou expulsá-lo de você. Os demônios são muito hábeis em enganar as pessoas. Eles são astutos; portanto, não é nada fácil lidar com eles.

Em alguns casos, os demônios podem até se apresentar como anjos, Deus ou Buda. E também fazem vítimas entre buscadores religiosos que estão treinando nas montanhas ou florestas. Gostam de perturbar aqueles que estejam em busca do Caminho. Por isso, ficam à espreita de uma chance para aparecer quando os buscadores estão prestes a alcançar um nível mais elevado de consciência e capacitar-se a guiar um número maior de pessoas ou adquirir poder dármico.

Como mencionei no início, os demônios geralmente têm um objetivo; portanto, são diferentes dos espíritos

As Leis do Inferno

comuns com os quais você pode ter um contato passageiro ou dos espíritos que assombram determinado lugar. Os demônios são seres que vão atrás do seu objetivo com persistência e recorrem a artimanhas de todo tipo para alcançá-lo.

Se um demônio aparece quando uma pessoa com poder espiritual está conduzindo um fenômeno espiritual, ele pode se disfarçar de várias formas e mentir a respeito de sua identidade, apresentando-se com outro nome. Os demônios também aparecem de vez em quando na Happy Science, e meus discípulos ocasionalmente são enganados por eles. Portanto, devemos ter um pouco mais de cuidado com eles.

Como os demônios do Inferno passaram a existir

Vamos reorganizar os pontos-chave. Perto deste mundo terreno existe uma área que faz parte do outro mundo, habitada por espíritos perdidos. Afastado dele, fica o Céu ou Mundo Celestial. Há também o mundo do Inferno, entendido geralmente como um lugar subterrâneo. É um mundo escuro, aonde a luz do Sol não chega.

O Inferno também tem diferentes níveis. A maior parte da área rasa do Inferno é escura ou sombria, como no começo da noite. Mas, à medida que você vai mais para o fundo, a escuridão se intensifica a ponto de não se conseguir enxergar nada. O nível mais profundo do

A luta contra os demônios

Inferno é escuro como breu, como se alcatrão de hulha tivesse sido despejado ali. Em suma, há diferentes níveis de escuridão no Inferno. Podemos assim dizer.

Mas, afinal, o que torna os demônios diferentes dos maus espíritos? Na maioria dos casos, um espírito leva muitos anos para se tornar um demônio. A maioria dos demônios foram seres humanos que caíram no Inferno. E em alguns casos, eles se tornam demônios ao passar de quinhentos a mil anos ali. Como não são capazes de voltar para o Céu ou reencarnar na Terra, continuam a fazer o mal, e isso vai transformando-os em demônios.

É compreensível. Se você convive muito com delinquentes ou trabalha com bandidos por um longo tempo, aos poucos fica como eles. É assim que funciona.

No entanto, se rastrearmos mais fundo a origem dos demônios, veremos que a maioria foi um anjo ou arcanjo. Há longas eras, eles rebelaram-se contra Deus ou ficaram com inveja d'Ele, caíram em desgraça e ficaram sem condições de voltar ao Mundo Celestial. Tornaram-se, assim, reis ou imperadores do Inferno e formaram seu próprio mundo. Em certo sentido, o Inferno é comparável ao mundo da máfia.

Às vezes, os demônios usam seus capangas para formar uma organização, mas, felizmente, eles tendem a não lutar juntos ou se ajudar. Isso, de certa forma, é bom para nós. Seria complicado se dezenas ou centenas de demônios viessem nos atacar todos juntos. Mas, como eles não

As Leis do Inferno

se dão muito bem, acabam dependendo apenas de si mesmos, ou, no máximo, de seus próprios capangas.

As ideias cristãs de purgatório e Inferno mostram o quanto a mentalidade dos seres humanos pode ser estreita

Existem diferentes linhagens de demônios, e eles escolhem seus alvos de acordo. No cristianismo, por exemplo, há demônios relacionados aos cristãos, no islamismo há demônios relacionados aos muçulmanos, e demônios relacionados aos budistas no budismo e relacionados aos xintoístas no xintoísmo japonês. Há demônios em conexão com cada etnia e religião.

No caso das religiões japonesas, muitas não reconhecem claramente a existência de demônios. Os japoneses costumam cultuar espíritos dotados de superpoderes ou de poderes paranormais como se fossem deuses, portanto sinto que as religiões japonesas são fracas em estabelecer a distinção entre bem e mal nessas questões. Talvez isso indique que não nasceram muitos líderes religiosos destacados no Japão ou que o nível da população seja baixo.

Mas também não posso dizer que o cristianismo tem uma compreensão profunda do Inferno. Na Bíblia, lemos que Jesus diz algo como: "Você cairá no Inferno e queimará no fogo eterno". Um cristão comum, portanto, muitas vezes acredita que depois que você cair no Inferno nunca mais conseguirá sair dele; nunca escapará do fogo espiritual eterno que destrói a alma. A maioria deles imagina o Inferno como um local bem estereotipado, como o Inferno dos Gritos Agonizantes.

Os ensinamentos cristãos originais afirmam a existência do Mundo Celestial e que o Inferno é um mundo no qual você perde a vida eterna se cair nele. Na maioria dos casos, pensam que aqueles que têm fé em Jesus e estudam e praticam seus ensinamentos ganham a vida eterna.

Segundo os ensinamentos das igrejas cristãs tradicionais, você não atravessa os portões do Céu a não ser que se torne cristão. Provavelmente, afirmam isso com o propósito de realizar atividades missionárias, mas, se pensarmos com base nisso, significa basicamente que os seguidores das outras religiões vão todos para o Inferno. Entendo que dissessem isso com propósitos missionários e para que as pessoas se convertessem ao cristianismo. Pode ter sido aceitável para difundir a religião, mas seria muito radical afirmar que todos aqueles que não acreditam no cristianismo irão para o Inferno.

No passado, Júlio César viajou para a Gália – que hoje corresponde à área ao redor da França e da Alemanha – em sua expedição pela Europa. Alguns de seus exércitos fizeram a travessia de barco até a Inglaterra. Mais tarde, depois de terem ocupado várias regiões da Europa e enviar missionários cristãos, incentivaram as pessoas nessas regiões colonizadas a acreditar em sua religião. Mas, na

As Leis do Inferno

maioria dos casos, essas pessoas já tinham fé numa espécie de religião que oferecia algum tipo de culto aos ancestrais. Assim, quando lhes disseram que a pessoa só iria para o Céu se acreditasse no cristianismo, perguntaram: "Nós temos a chance de nos convertermos ao cristianismo, mas e nossos pais, avós ou ancestrais, o que acontece com eles? Qual foi o sentido de todos esses nossos rituais para os ancestrais?". O cristianismo teve problemas com essas questões. Se todo aquele que não é cristão vai para o Inferno e queima no fogo eterno, isso quer dizer que as pessoas só começaram a entrar no Céu há 2 mil anos, e que aqueles que viveram antes disso estão todos no Inferno. Em termos objetivos, é uma lógica bastante parcial.

Para resolver essa questão, o cristianismo introduziu um lugar intermediário chamado "purgatório". Numa definição simples, é um mundo onde residem as almas daqueles que viveram e não encontraram o cristianismo; mas depois que eles se arrependem e prometem devoção aos ensinamentos cristãos, podem ascender aos Céus e até renascer como humanos. O cristianismo propôs o conceito de purgatório como um estágio intermediário, localizado acima do Inferno.

Por volta de 1300 d.C., na Itália, Dante Alighieri escreveu o poema narrativo *A Divina Comédia*, que tem três partes principais: Inferno, Purgatório e Paraíso. Ele faz claras descrições de cada um desses mundos, e essa distinção entre eles ficou mais clara por volta da Ida-

A luta contra os demônios

de Média. Antes, a maioria dos cristãos provavelmente acreditava que quem não fosse cristão ia mesmo direto para o Inferno. No século IV d.C., Santo Agostinho afastou-se do cristianismo e mergulhou fundo no maniqueísmo. Na época, sua mãe Mônica esforçou-se muito para trazê-lo de volta e ele se converteu de novo ao cristianismo. Ela fez esse grande esforço para convencê-lo por acreditar que as demais religiões levariam de fato ao Inferno.

Na realidade, conforme está escrito em livros da Happy Science como *As Leis do Sol*, *As Leis Douradas* e *As Leis da Eternidade*, Buda, Deus ou aqueles que os representam nasceram na Terra e pregaram os ensinamentos religiosos que eram necessários para a época e a região. Anjos de luz, *bodhisattvas* e *tathagatas* também têm nascido na Terra. Embora seus ensinamentos sejam de diferentes tipos, eles podem salvar pessoas se adequados ao tempo e à região. A incapacidade de compreender isso mostra o quanto os seres humanos têm a mente estreita.

Entendo por que o cristianismo assumiu essa abordagem. É mais ou menos como um dono de uma loja se sentiria se outra loja do mesmo ramo se instalasse bem perto. Você não se sentiria confortável se outra loja de bebidas abrisse perto da sua ou outra mercearia fosse inaugurada ao lado da sua. A situação é mais ou menos parecida com esta.

Hoje, porém, há ruas inteiras com lojas de comércio semelhante, uma ao lado da outra. Muita gente frequenta essas ruas, e não faltam clientes. Em Tóquio, por exemplo, há áreas de comércio especializado que reúnem muitos restaurantes de *okonomiyaki* (panquecas japonesas salgadas) ou de *oden* (um cozido japonês). Também há ruas com muitos bares. Nessas áreas, você tem uma grande variedade de opções à sua escolha; então, as pessoas vêm casualmente, sem um plano muito definido. Quando você diz: "Vamos dar um pulo em Tsukishima para um *monjayaki* (panqueca japonesa parecida com o *okonomiyaki*)", você não precisa ter um restaurante particular em mente. Apenas vai até lá e decide na hora – escolhe algum que não esteja muito lotado, que pareça ter comida boa e um bom ambiente, por exemplo. Isso é possível agora, mas, naquela época, essa situação de ver chegar alguém "no mesmo ramo de negócio" instalar-se perto de você deve ter sido bastante perturbadora.

Os Infernos e demônios resultantes das guerras entre o cristianismo e o islamismo

O ódio, como o que acabei de mencionar, foi o que levou os cristãos a lutar contra os muçulmanos pela Terra Santa – em outras palavras, foi ele que deu origem às Cruzadas para Jerusalém. Foram três grandes guerras. O lado cristão enviou um exército da Europa para atacar e recuperar Jerusalém. Durante as Cruzadas, ocorreram batalhas horrendas e o poder territorial alternou-se de lado várias

A luta contra os demônios

vezes, com imensas perdas humanas para ambos os lados. Mesmo assim, os cristãos não conseguiram retomar Jerusalém por muito tempo. Surgiram também vários heróis de guerra, mas devo dizer que esses confrontos foram em grande parte fruto da ignorância.

Durante as Cruzadas, um dos reis da Romênia foi Vlad Dracula, que mais tarde serviu de modelo para as lendas do Conde Drácula como a conhecemos hoje. Suponho que ele era forte, e fez coisas como decepar a cabeça do inimigo e espetá-la numa estaca para exibi-la. Deve ter sido uma visão extremamente desagradável. Na maioria dos casos, seus inimigos eram muçulmanos. A cena foi com certeza um Inferno.

Dessa forma, o Inferno e os demônios podem aparecer de ambos os lados, então esse é um ponto difícil. Você pode ir para o Inferno e se tornar um demônio em troca de seu *status*, poder e fama neste mundo terreno.

Alguns podem pensar que seria divertido ser um demônio, pois poderiam ficar dando ordens, manipular à vontade a alma das outras pessoas e possuir indivíduos na Terra e fazê-los sofrer. Esta é uma maneira de encarar a questão, mas pense bem: suponha que você está num parque de diversões como a Disneylândia. Ser um demônio é como passar o resto da vida fazendo o papel de um fantasma numa casa mal-assombrada ou andando de montanha-russa pela eternidade. Não acho que seria algo tão divertido assim.

2
Os poços mais profundos do Inferno que você desconhece

Dezesseis grandes Infernos aguardam os materialistas após a morte

Um dos elementos do Inferno é, sem dúvida, o sentimento do medo. Além do medo, existem a dor, o sofrimento e a tristeza. Esses sentimentos também podem ser experimentados no mundo humano, mas no mundo do Inferno eles existem em sua forma extrema.

E a mentalidade da maioria daqueles que estão no Inferno é igual à dos chamados materialistas que vivem hoje neste mundo – pessoas que acreditam apenas na existência de coisas materiais, que acham que só existe o mundo terreno e que a vida é finita.

Pessoas como essas costumam ir para o Inferno, e quase sempre o que as aguarda é o tipo de tortura pela qual não gostariam de passar. Se você se considerasse uma mera existência física, qual seria a coisa mais terrível, dolorosa e triste que poderia lhe acontecer? Talvez fosse, por exemplo, o sofrimento da dor de ser esfaqueado ou baleado. É um tipo de sofrimento. E para isso existe um Inferno no qual você sofre dor física repetidas vezes, sendo perseguido por alguém com uma faca, cortado ou atingido por uma bala, ou saltando de um lugar alto para a morte.

Outro tipo de Inferno é, como mencionei, o Inferno dos Gritos Agonizantes – um lugar torturante que faz você chorar e gritar. Existe um Inferno assim.

Há também reinos do Inferno associados a países ou regiões. Os Infernos que foram transmitidos no Japão são chamados de Oito Grandes Infernos: oito tipos de Infernos Escaldantes e Infernos Congelantes.

Eles diferem conforme a região. O Japão tem tanto verão quanto inverno, portanto é compreensível que haja Infernos Escaldantes e Infernos Congelantes. Mas não acho que existam Infernos Congelantes para regiões extremamente quentes ou algo como Infernos Escaldantes em áreas extremamente frias. Tudo depende da região.

No Japão existem dezesseis grandes Infernos – oito Infernos Congelantes e oito Infernos Escaldantes. Esse conceito também veio da China e de áreas próximas, então presumo que esses Infernos também existam ali, embora as coisas talvez sejam um pouco diferentes mais ao norte.

Os Infernos Escaldantes existem principalmente em países ou regiões com muitos vulcões, enquanto os Infernos Congelantes costumam aparecer em áreas onde neva muito ou onde as pessoas morrem em acidentes relacionados com o gelo. É assim que é. Tanto o calor abrasador quanto o frio abaixo de zero põem em risco a vida daqueles que vivem na Terra. Portanto, esses Infernos são, sem dúvida, apavorantes para aqueles que acham que a vida se resume ao corpo físico. As temperaturas abaixo de zero experimentadas no Japão em geral chegam a -2, -3 ºC; em Hokkaido é um pouco mais frio. Em Nova York, chega a fazer -20 ºC, mesmo sem neve. Embora Nova York esteja em uma latitude semelhante à da Prefeitura de Aomori, no Japão, ali faz mais frio. Não basta um casaco para você se manter aquecido. O casaco de algodão que eu usava no Japão não foi suficiente para me manter aquecido numa temperatura de -20 ºC. É preciso um casaco de caxemira um pouco caro para não congelar. Não existiam casacos de penas quando morei em Nova York, mas nos últimos anos tornaram-se comuns. Também protegem bem do frio.

Seja como for, Infernos Congelantes e Infernos Escaldantes realmente existem, e você não sabe em que Inferno pode acabar. Isso também depende de como você viveu sua vida.

Diz-se que, muitas vezes, pessoas com um sentimento ardente de inveja ou com um intenso sentimento de ódio, ciúme ou rancor vão para os Infernos Escaldantes. Já os Infernos Congelantes estão relacionados sobretudo com a solidão, o medo e a pobreza. A escassez de comida é outro motivo importante.

Estar no Inferno significa que você já se tornou um corpo espiritual, então, em muitos casos sua aparência

A luta contra os demônios

irá mudar gradualmente e assumir uma forma adequada ao ambiente. Ali, você passa por coisas que odiava experimentar na Terra, e vai experimentá-las muitas e muitas vezes. Você já deve ter visto muitas ilustrações do Inferno. Algumas são um pouco exageradas, outras não. No âmbito do cristianismo, Dante Alighieri descreveu o Céu, o purgatório e o Inferno. Quando li a descrição dele do purgatório, achei-a um pouco obscura e indefinida. Suponho que grande parte disso foi fruto de sua imaginação. Muitas figuras históricas famosas aparecem na sua descrição do Céu, e aquelas pessoas que foram consideradas atrozes ou desumanas ele colocou na sua descrição do Inferno. Reis e líderes religiosos de outras etnias aparecem também no Inferno. Mas a minha impressão é que ele não escreveu sua obra necessariamente com a intenção de retratar o mundo espiritual.

Tipos de pessoas que vão direto para o Inferno Abismal

Por falar em purgatório (*rengoku* [煉獄] em japonês), existe um personagem chamado Kyojuro Rengoku no animê *Demon Slayer*, que se tornou muito popular no Japão e também ao redor do mundo. É um matador de demônios muito forte, de 20 anos de idade, conhecido como Hashira, líder de um grupo que combate demônios. Pensei: "Que nome bom para dar a um personagem". Acho que as crianças não entendem o que significa o nome desse personagem, mas ele aparece no animê. Seja como for, o cristianismo diz que existe um lugar como o purgatório.

No Japão, por outro lado, as pessoas não estão muito familiarizadas com a ideia de purgatório. Segundo o entendimento da maioria dos japoneses, quando Jesus fala em "ir para o Inferno e perder a vida eterna" ou "o Inferno do qual você nunca escapa", ele se refere aos lugares onde residem os chamados satãs ou demônios. Esse Inferno é habitado por aqueles que realmente se tornaram demônios e viraram o "esquadrão missionário do Inferno", e ficam tramando todo os tipos de conspirações para expandir as forças no Inferno. Em geral, esses seres não conseguem sair mais dali.

Existem também aquelas pessoas que caem direto nos poços do chamado Inferno Abismal. Elas mergulham de cabeça e, em muitos casos, não conseguem sair dali tão facilmente. A maioria das que vão para o Inferno Abismal, um Inferno sem fundo, é formada por filósofos, acadêmicos, políticos e outras que detinham forte poder de influência.

Os filósofos, por exemplo, não necessariamente cometeram crimes no sentido terreno, mas "despejaram pensamentos venenosos na mente das pessoas". Como esses pensamentos influenciaram muitas pessoas, alguns

A luta contra os demônios

desses filósofos não conseguem mais sair deste Inferno, embora possam ter ocupado posições respeitáveis para guiar os outros neste mundo e desfrutado de alto *status* ou ter sido muito ricos.

Não quero mencionar nomes específicos, mas, se fosse dar alguns exemplos, diria que entre eles há pessoas que escreveram muitos romances ou fizeram muitos filmes sobre crimes hediondos. Esses indivíduos viveram interessados em assuntos infernais, portanto a mente deles está sintonizada com o Inferno. Assim, ao morrer vão direto para o Inferno sem ao menos serem julgados pelo Grande Rei Enma. Em muitos casos, não têm sequer a chance de ver sua vida no Espelho Refletor da Vida, ou *jōhari no kagami* (espelho cristalino de Enma), para que reflitam sobre si mesmos; apenas mergulham de cabeça no Inferno.

Entre os acadêmicos de ciências humanas, muitos se especializaram em estudos de filosofia e religião; estes também podem ter de passar certo período no Inferno. Na maioria dos casos, é por terem se tornado agitadores ou disseminadores de ideias infernais. Muitos foram considerados grandes acadêmicos neste mundo. Até um professor emérito da Universidade de Tóquio foi parar no Inferno Abismal, assim como um renomado escritor.

Na realidade, é muito difícil avaliar se uma obra é celestial ou infernal. Podemos ter, por exemplo, um romance em que o personagem é assassinado, mas a questão é se a história como um todo tem o poder de converter ou purificar a mente dos leitores ou se é cheia de tentações que os levam em direção ao Inferno ou ao mal. Outro ponto é se o romance é capaz de tornar este mundo terreno melhor ou pior. Algumas obras afirmam o materialismo ou são fortemente marcadas por ideais revolucionários que apoiam matanças, do tipo: "Não há problema em matar pessoas porque os humanos são apenas seres materialistas". Além disso, há outras obras que contribuem para a difusão de ideias terrivelmente cruéis. Os escritores dessas obras vão para o Inferno Abismal, e quando seu pecado é muito pesado, podem até se tornar demônios. Isso é o que realmente tem acontecido.

O pecado de Nietzsche: criticar o cristianismo com a teoria do *Übermensch*

Como eu queria falar neste capítulo sobre a luta contra os demônios do Inferno, estive lendo alguns livros relacionados a este assunto. Há uns dois ou três dias, vinha lendo um livro do filósofo alemão Nietzsche que também foi retratado no filme da Happy Science *As Leis da Eternidade*. No meu caso, os escritores que leio sempre aparecem espiritualmente diante de mim. São bastante persistentes e dão trabalho. A ideia filosófica escrita no livro que eu estava lendo era a teoria do super-homem

A luta contra os demônios

(*Übermensch*), uma crítica ao cristianismo. Nietzsche também é o autor da famosa frase "Deus está morto".

Nietzsche nasceu numa família protestante, e seu pai era pastor. Ele começou a demonstrar seu talento por volta dos 13 anos de idade, e suponho que foi um garoto inteligente, prodígio. Estudou filologia clássica e foi convidado a ocupar um cargo na Universidade da Basileia quando tinha apenas 24 anos, tornando-se professor aos 25. Deve ter sido mesmo incrivelmente inteligente para se tornar professor de filologia clássica com essa idade.

Nietzsche lia fluentemente grego, latim e outras línguas. Era meticuloso e estudou também os filósofos do passado. Isso mostra que ser inteligente não significa que você irá necessariamente para o Mundo Celestial após a morte. Apesar de ter se tornado professor universitário aos 25 anos, as ideias que apresentou eram extremamente heréticas, o que gerou uma torrente de críticas, e o fez ser expulso do mundo acadêmico.

Sua obra mais famosa é *Assim Falou Zaratustra*, e há também uma peça de música clássica com o mesmo título. Zaratustra refere-se a Zoroastro. Nietzsche pensava: "Jesus foi transformado num criminoso e crucificado ao lado de outros criminosos. Foi pregado na cruz, suas pernas foram quebradas, foi perfurado por uma lança e morreu. No sentido terreno, era um deus fraco". Ele, então, concluiu que era ridículo acreditar num homem assim. Também afirmou que Jesus foi morto pelo *ressentimento* do povo judeu. Ressentimento significa algo como um acúmulo de inveja. Ele via Jesus como um deus que foi morto pela inveja das pessoas.

Além disso, pensava Nietzsche: "Depois que Jesus foi crucificado, o crucifixo se tornou um símbolo de Deus. Os cristãos passaram a usar esse símbolo para afirmar que a humanidade havia sido salva pela crucificação de Jesus. Essa ideia começou com o apóstolo Paulo e foi difundida por outros cristãos. Eles conceberam essa ideia para fazer com que uma pessoa fraca, que foi morta neste mundo, pudesse ser vista como um grande homem. Portanto, o cristianismo é praticamente uma fraude". Esse foi um dos pontos fracos do cristianismo que ele detectou e atacou.

O pai de Nietzsche tinha apenas 30 e poucos anos quando morreu; então, não sei avaliar o quanto Nietzsche foi influenciado por sua família, mas tenho certeza de que ele conhecia muito bem a doutrina cristã, ainda mais sendo filho de um pastor. Ele achava estúpido que se adorasse um deus tão fraco, e acreditava que um deus de verdade deveria ser forte.

No Japão, os espíritos vingativos são venerados para impedir que amaldiçoem as pessoas

No Japão também existe uma visão semelhante. Aqueles que são referidos como deuses no Japão costumam ser deuses guerreiros; os vencedores de guerras muitas vezes

A luta contra os demônios

eram consagrados como deuses. Mas, quando as pessoas temiam que os guerreiros do lado perdedor se tornassem espíritos vingativos, construíam um mausoléu ou santuário para eles a fim de também reverenciá-los como "deuses". Por temerem suas maldições, davam-lhes *status* de "deus" e faziam-lhes oferendas. Assim, buscavam impedir que esses espíritos lançassem maldições contra elas.

Um dos exemplos famosos disso é Sugawara no Michizane (845-903), do Santuário Dazaifu Tenmangu, hoje conhecido como o deus da erudição. Ele era um político, mas foi destituído do cargo e exilado em Dazaifu, em Kyushu. Ficou famoso também por ter abolido as missões japonesas à China no Período Tang. Era muito inteligente, mas apesar disso acabou sendo exilado.

Outro exemplo é Taira no Masakado (ca. 903-940), famoso por sua rebelião contra a Corte imperial. Ele reuniu um exército na região de Kanto e deu início a uma rebelião. Há algumas décadas, o Banco de Crédito de Longo Prazo do Japão – que hoje tem um nome diferente – tinha sede no bairro de Chiyoda, em Tóquio. Ficava num edifício preto, muito sombrio e um pouco assustador, mas tinha certa popularidade. Era um prédio alto e comprido, com uma arquitetura incomum; mais ou menos na metade da altura do prédio ambos os lados assumiam a forma de um "U" horizontal, e então o edifício continuava até o topo. Quando vi isso, temi que pudesse desabar durante um terremoto. Num canto dessas instalações ficava um túmulo que guardava a cabeça decapitada de Taira no Masakado. Todo mundo no banco tinha medo daquele canto e evitava sentar-se com as costas viradas para o túmulo. Mas, como seria de esperar, ocorreram mortes misteriosas, uma após a outra, daquelas pessoas que se sentavam de costas para o túmulo. Os incidentes chegaram a ser relatados nos jornais, então as pessoas ficaram com medo do túmulo. Acho que o edifício foi reconstruído mais tarde, mas tudo isso deve ter sido muito assustador. Sem dúvida, dá medo constatar que alguém ainda lança suas maldições mesmo depois de transcorridos mil anos.

Por falar em Taira no Masakado, tive a seguinte experiência. Quando a sede da Happy Science ficava no Edifício Kioicho, perto de Akasaka, conheci Haruki Kadokawa, da Editora Kadokawa Shoten. Era um homem bastante excêntrico; construiu o santuário Kadokawa e declarou a si mesmo sacerdote. Alegava ser médium e, de tempos em tempos, fazia filmes que lidavam com poderes sobrenaturais ou com o mundo espiritual. Foi uma pessoa com essas características que nos ofereceu publicar livros de bolso, então publicamos cerca de dez livros pela sua editora, inclusive *As Leis do Sol*, *As Leis Douradas* e *As Leis da Eternidade*. É por isso que ele às vezes visitava a nossa sede.

Um dia ele me perguntou: "Quem você acha que eu fui na minha vida passada?". Respondi: "Tenho certe-

A luta contra os demônios

za de que você já ouviu isso de outros médiuns. Então, talvez eu não devesse dizer". Mas ele insistiu: "Não, não ouvi a opinião de ninguém; por favor, me diga o que acha". Eu sabia que ele havia visitado outros médiuns e que lhe fora dito que ele havia sido um senhor feudal japonês chamado Takeda Shingen. Por essa razão ele se portava como um general samurai do Período dos Estados Combatentes, acreditando que combatia para "conquistar o Japão". No meu ver, porém, era óbvio que ele havia sido Taira no Masakado.

O espírito de Taira no Masakado estava possuindo-o, por isso achei que devia estar passando por dificuldades. Os filmes da Kadokawa Pictures naquela época costumavam ser produções como *A Reencarnação do Samurai* e *Tóquio: A Última Guerra*. Na verdade, eles retratavam um mundo demoníaco; as histórias eram justamente sobre um mundo de demônios. Então, eu lhe disse: "Você pode ter sido Taira no Masakado em uma de suas vidas passadas, mas outros médiuns provavelmente lhe deram respostas diferentes". Não sei, porém, se ele acreditou em mim.

Ele me via como um médium, por isso, abria seu coração comigo e me contava várias coisas sem qualquer preocupação. Uma vez mencionou que alguém comentara com ele o seguinte: "Você se lembra da erupção vulcânica que ocorreu outro dia na América do Sul? Pois acho que foi você, Kadokawa, que fez isso acontecer". Eu apenas ouvi e lhe disse: "Ah, é mesmo?". Mas para alguém como ele, que comandava uma empresa importante, dizer aquelas coisas era correr riscos.

Quando eu estava falando com ele naquela época, senti a cabeça rodar um pouco, como se o espaço à minha volta estivesse sendo distorcido. Fiquei intrigado com o que seria aquele fenômeno. Quando ele foi preso algum tempo depois e condenado por posse de drogas ilegais, compreendi que a sensação de espaço distorcido e a tontura na minha cabeça eram um reflexo do uso que ele fazia de drogas. Ou seja, ele estava "viajando". Talvez as drogas o levassem a visitar o outro mundo e coletar ideias ali para o seu trabalho criativo.

Naqueles anos, no verão, eu costumava alugar uma cabana de madeira em Karuizawa e me isolar ali. Acho que foi na noite do dia em que a prisão do senhor Kadokawa foi noticiada que eu vi uma sombra preta de alguém sentado com os joelhos encostados no peito no canto da sala. Nessa hora, eu ainda não tinha assistido ao noticiário, e não sabia da sua detenção.

Pensei: "O que será isso? Tem uma coisa preta sentada no canto da sala". Olhei com mais atenção e vi que se parecia muito com o senhor Haruki Kadokawa. Fiquei tentando entender o que aquilo significava e por que ele estava ali. Às vezes, quando alguém morre, o espírito da pessoa vem me visitar, então achei que talvez ele tivesse morrido. Mas não era o caso. Mais tarde, vi a prisão de

Kadokawa no noticiário e pensei: "Ah, talvez ele tenha vindo aqui para me pedir ajuda".

Em outra ocasião, também ouvi dizer que ele estava sendo submetido a uma cirurgia em razão de um câncer ou algo assim, e que estava ouvindo direto *As Palavras da Verdade Proferidas Por Buda* num fone de ouvido, enquanto estava acamado. Então, é provável que confiasse em mim como médium. Ao que parece, ele conseguiu recuperar-se bem da enfermidade naquela ocasião.

Existem vários tipos de médiuns, então precisamos avaliar com que tipo de seres e de mundo eles estão conectados.

As Palavras da Verdade Proferidas Por Buda

Esta é a tradução do nosso sutra fundamental, um dos maiores tesouros da humanidade, escrita originalmente em inglês pelo Mestre Ryuho Okawa. Disponível aos membros da Happy Science. Entre em contato com a unidade mais próxima e saiba como recebê-lo (ver a seção Contatos, à pág. 251).

3
Mesmo agora, demônios assombram certas religiões

O perigo de cultuar poderes psíquicos em religiões mediúnicas malignas

Devemos ter cuidado principalmente com grupos religiosos malignos que se concentram nos poderes mediúnicos. Ao passar anos envolvida com algum desses grupos, a pessoa é possuída pelos maus espíritos que habitam neles. Não é fácil expulsar esses maus espíritos, e trata-se de um problema muito sério.

Quanto aos grupos de budismo esotérico Shingon, alguns são ortodoxos e bons, mas outros se concentram em lançar uma maldição de morte em determinadas pessoas. Há também grupos que ensinam seus seguidores a fazer imposição de mãos sobre outras pessoas a fim de purificar e expelir os maus espíritos, mesmo que eles próprios ainda não tenham alcançado a iluminação. Vários desses grupos estão num caminho equivocado; além de haver muitos espíritos infernais nesses grupos, alguns são até guiados por demônios. Há muitos deles, portanto trata-se de um problema e tanto.

Na Happy Science, também, tivemos alguns funcionários que foram membros desses grupos religiosos por

A luta contra os demônios

longo tempo. Um deles chegou a viver dentro da instituição e participar de seus seminários. Mas, se você pertenceu a um desses grupos por muito tempo, fica difícil remover os espíritos que se apossaram de você. Aqueles que eram devotos e praticavam sua fé diariamente na instituição tinham mais dificuldade ainda para expulsar esses espíritos obsessores. Mesmo depois de se tornar um discípulo renunciante da Happy Science, essa pessoa infelizmente foi arrastada de volta ao velho ninho.

Não obstante, nos cultos baseados em poderes mediúnicos pode haver ensinamentos corretos. As pessoas precisam corrigir as próprias ações por meio da autorreflexão e melhorar seu caráter como seres humanos. Portanto, os grupos que defendem que todos os problemas serão resolvidos por poderes sobrenaturais são de fato perigosos. Eu acabei compreendendo isso ao passar por várias experiências.

Existe até um grupo que ensina que, pela imposição das mãos sobre a cabeça de uma pessoa, você consegue remover os maus espíritos que a possuem, como quem remove camadas de um fino papel. Encorajam seus membros – que estão possuídos por espíritos perdidos – a praticarem isso entre eles. Mesmo que eu lhes diga: "Do ponto de vista lógico, isso é impossível. Como pode você expulsar maus espíritos se não tem o poder de enviar a luz de Deus para outra pessoa?". Eles argumentam: "Sim, nós podemos. Estamos usando um ornamento espiritual

As Leis do Inferno

chamado *omitama*, então temos como expulsar maus espíritos". Estou me referindo a um grupo ligado à religião Mahikari (literalmente, luz verdadeira).

Na verdade, experimentei um ritual de purificação de um grupo religioso ligado à Mahikari. Foi na época em que comecei a me comunicar com o mundo espiritual. Participei de um treinamento de dezoito dias para obter a carteira de motorista, realizado na Escola de Condução de Veículos Higashi Ashikaga, na Prefeitura de Tochigi. Dentre as pessoas com as quais passei esses dias, havia um jovem membro de um grupo da Mahikari. Conversando com ele, acabamos entrando no assunto religião.

Esse grupo tinha um sutra ou um tipo de oração xintoísta chamada *norito*, que costuma ser recitado por religiões associadas ao xintoísmo. Eles usam esse sutra ou *norito* com o mesmo conteúdo, que começa com a pessoa dizendo: "Os nomes dos deuses que residem em Takamanohara são...". O grupo ao qual a pessoa pertencia pronunciava "Takamanohara" em vez de "Takamagahara". Eles usavam um pingente chamado *omitama*, parecido com uma conta em forma de vírgula, e colocavam as mãos sobre você enquanto recitavam essa oração.

Meu canal espiritual já estava aberto nessa época. Para descrever como me senti ao receber esse ritual, foi como se recebesse um calor escaldante. Enquanto a pessoa fazia sua imposição de mãos em mim, senti muito calor.

A luta contra os demônios

Não era o tipo de calor que flui do Céu; era uma sensação escaldante, uma queimação. Os fiéis do grupo ao qual ele pertencia provavelmente imaginavam que fosse a luz de Deus, mas a julgar pelo que senti, era o que você talvez sentiria no Inferno Abrasador ou no Grande Inferno Abrasador. Na realidade, o fundador desse grupo religioso foi parar nesse Inferno do Grande Inferno Abrasador. Enquanto estava vivo, ele costumava dizer coisas como: "A chuva de fogo irá cair!", "O Apocalipse chegará e a chuva de fogo irá desabar". De fato, senti esse calor ardente. Era o Inferno Abrasador. Coisas assim podem acontecer.

A diferença de "orientação" entre os espíritos no Céu e os demônios no Inferno

Algumas religiões ou crenças podem fazer você sentir um calor escaldante, enquanto outras talvez o façam sentir um frio de tremer. De fato, existem relativamente muitas religiões que podem fazê-lo estremecer e sentir calafrios. Às vezes, você sente frio, como se a temperatura tivesse caído. Isso ocorre não só com demônios, mas também com espíritos do Inferno em geral. É praticamente o mesmo fenômeno que você experimenta numa casa mal-assombrada.

Vou compartilhar minha experiência. Já mencionei isso tempos atrás, e foi quando meu irmão mais velho ainda estava vivo. O canal espiritual dele também estava aberto; por isso, embora eu me sentisse mal por ele, sempre lhe pedi que utilizasse sua mediunidade para canalizar maus espíritos, enquanto eu canalizava apenas os anjos de luz ao conduzir mensagens espirituais. Hoje, preciso canalizar ambos, então virou um problema, mas naquela época meu irmão costumava ser um "especialista" em canalizar maus espíritos.

A casa de meus pais em Kawashima, na cidade de Yoshinogawa, tinha três quartos no segundo andar, e usávamos o do meio para realizar as mensagens espirituais. Quando recebíamos mensagens de um espírito maligno, a temperatura do quarto caía 2 ºC. Sentíamos frio, e a temperatura realmente caía no termômetro, portanto aprendi que os maus espíritos de fato fazem baixar a temperatura.

Se você pratica a disciplina espiritual ou experimenta fenômenos espirituais e costuma sentir muito frio ou um calor insuportável – como se estivesse sendo queimado, grelhado numa chapa de ferro ou cozido numa panela –, deve suspeitar que aquilo que chegou a você não tem a ver com o Céu.

No entanto, se um espírito celestial chega quando você está possuído por um mau espírito, você sente como se de repente algo fosse arrancado de você. É como se um papel de parede fosse puxado da parede. Então, você sente apenas um leve calor. É uma sensação calorosa.

A luta contra os demônios

Por outro lado, quando um demônio vem, você sente um peso muito grande no estômago, como se tivessem colocado nele uma bola de ferro. Fica com uma forte dor de estômago. Eu ouvi dizer que outras pessoas também já passaram por essa experiência, mas a minha experiência foi a seguinte.

Existe um grupo religioso no Japão chamado GLA, que se dividiu em várias facções após a morte de seu fundador, Shinji Takahashi. A líder de uma dessas facções era Yuko Chino, já falecida. Ela publicou vários livros, todos com títulos semelhantes. O conteúdo deles não era muito diferente daquilo que Shinji Takahashi normalmente escrevia.

Meu pai e meu irmão mais velho liam os livros dela, mas não sabiam dizer se eram celestiais ou infernais. Eles enviaram-me um dos títulos, dizendo: "Achamos que tem coisas boas escritas no livro. Fala de amor e compaixão. É publicado pela Editora Compaixão e Amor, então deve conter coisas boas". Comecei a ler o livro, mas, antes de chegar à metade, não consegui seguir adiante; as letras começaram a tremular e senti meu estômago extremamente pesado. Não conseguia mais ler nem manter o livro no meu quarto, e não tive escolha a não ser jogá-lo fora, embora não tivesse a intenção de ofender a autora com isso.

Se você já pertenceu a algum grupo religioso controlado por espíritos malignos e possui vários de seus livros, recomendo que não os guarde no seu quarto. Isso pode fazer com que você se conecte com espíritos do mesmo tipo, mesmo que seja por meio dos livros.

E quanto aos meus livros? Quando eu ainda não havia renunciado a este mundo, publiquei o quinto livro de minha série sobre mensagens espirituais, intitulado *Mensagens Espirituais de Sócrates*.

Fui até a maior livraria de Nagoya – acho que era a Maruzen – no meu intervalo para o almoço, para ver como os livros estavam expostos. Então, vi uma luz dourada sendo emitida da pilha dos meus livros. Fiquei muito surpreso ao ver isso. Era como se várias fileiras de "marmitas" douradas estivessem empilhadas. Foi a primeira vez que percebi tão claramente a luz que é emitida dos livros sobre a Verdade.

Os livros que emitem luz e aqueles que exalam vibrações infernais ficam lado a lado nas livrarias. Algumas pessoas os compram sem ter noção disso, e algumas acabam atraídas por coisas que não são boas. Você precisa ter cuidado com isso.

Os problemas da Igreja da Unificação

Outro problema é a Igreja da Unificação. De certo modo, ela começou defendendo uma narrativa semelhante à da Happy Science. Eles afirmam que seu fundador, Sun Myung Moon – já falecido – era o Segundo Advento de Jesus Cristo, enquanto nós na Happy Science dizemos: "Ryuho Okawa é o Buda Renascido", o que soa um pouco parecido. Além disso, nos primeiros tempos fiz dez palestras sobre a "série de princípios" e, quando essas palestras foram transformadas em livros, a editora me informou: "Se você falar muito em 'princípios', as pessoas vão achar que você faz parte daquele grupo religioso. Talvez seja bom mudar o título".

A Igreja da Unificação praticamente não tem livros sobre seus ensinamentos básicos. O livro *Princípio Divino* é o único que traz seus principais ensinamentos. Começa com a história de Adão e Eva e descreve que Eva caiu na tentação de Satanás, o que levou à corrupção de Adão. Portanto, é baseado numa teoria da degradação – como a humanidade na Terra se corrompeu. Depois, afirma: "As pessoas devem voltar para o Céu ou para o Éden, por isso devemos realizar o trabalho missionário". É isto o que o *Princípio Divino* ensina.

Nesse livro está escrito que "o Japão é Eva e a Coreia do Sul é Adão. O demônio se introduziu no Japão, ou Eva, e seduziu a Coreia do Sul para que se tornasse o Estado horrível que é hoje". Essa noção foi bem recebida na Coreia do Sul e eles continuam apoiando a ideia de que "o Japão é inerentemente mau".

Os coreanos não param de falar sobre algo que ocorreu há cem anos. Até hoje, alguns coreanos afirmam, por exemplo: "Fui obrigado a trabalhar para uma empresa da indústria pesada de certo conglomerado japonês antes da Segunda Guerra Mundial", e exigem que o Japão lhes pague uma indenização. Essa é a mentalidade que permeia o povo sul-coreano.

Em outras palavras, a visão da Igreja da Unificação pode ser assim resumida: "Os coreanos foram enganados por Eva ou pelo Japão. Satanás tomou posse do Japão, e eles nos enganaram e arruinaram a península coreana. O Japão só será perdoado quando sofrer e se arrepender de seus pecados.

Assim, as mulheres japonesas são equivalentes a animais. E já que as mulheres japonesas são como bestas, não será pecado trazer qualquer uma delas até a Coreia para um casamento coletivo".

Além disso, ensinam: "Como o Japão é Eva, não há mal em arrancar dinheiro dele. Tire o máximo de dinheiro que puder do Japão e traga-o para a Coreia do Sul". Eles praticamente não têm nada a ensinar ou a vender, assim, no final das contas, o fundador diz a seus membros que transformem até as pedras em dinheiro ao vendê-las. Ou ainda, é uma pena que de vez em quando jovens japonesas precisem vender cravos nos cruzamentos de trânsito para fazer algum dinheiro. Elas vendem flores em pontos perigosos, onde poderiam sofrer um acidente. Parece haver uma ordem que diz: "Use o meio que for para tirar dinheiro dos japoneses, como se sugasse seu sangue para enviar à Coreia do Sul!".

A luta contra os demônios

Ao fazer do Japão um inimigo com esse tipo de pensamento, a Igreja da Unificação tem o objetivo de evitar a segregação com a Coreia do Norte. É como se dissessem: "O Japão, o país de Eva, é nosso inimigo comum. Vamos vencer o demônio do Japão e nos salvar. Então, todos nós poderemos voltar ao Jardim do Éden". É por isso que essa religião não tem sido vista como negativa na península coreana.

No Japão, foram duramente atacados pela grande mídia por terem uma relação muito próxima com o Partido Liberal Democrata (PLD). Eles apoiaram o PLD nas eleições, forneceram-lhe secretários, deram-lhe dinheiro e fizeram várias outras coisas. Não é novidade; eles tentam se aproximar de figuras-chave.

No entanto, tenho pena de seus fiéis porque muitos deles têm um coração puro. Lamento por isso. Seus membros são instruídos a se aproximar não só de políticos, mas também de certas pessoas. O professor Shoichi Watanabe, um estudioso e crítico muito conhecido, tinha uma empregada que era da Igreja da Unificação. Ele tinha três filhos pequenos na época, então precisava de alguém para cuidar da casa.

Essa empregada tinha quase 20 anos de idade quando começou a trabalhar na casa dele, e trabalhou por quase dez anos. Segundo o senhor Watanabe, era uma jovem muito dedicada. Ele a descreveu assim: "Trabalhava duro. Era o tipo de moça que fazia suas refeições sozinha quando não havia ninguém por perto e comia muito pouco, como se mordesse um biscoitinho. Para nós, foi de grande ajuda". Ela trabalhou lá até os filhos do senhor Watanabe entrarem no ensino fundamental II. Como a Igreja da Unificação administra a Federação Internacional para a Vitória sobre o Comunismo, suponho que quando encontram figuras-chave e sentem que podem "usá-las" despacham seus membros até elas.

Tenho certeza de que fazem isso também com políticos. O número de secretários financiados pelo Estado para cada membro do Parlamento é determinado pela Lei do Parlamento, portanto eles enviam secretários adicionais a alguns políticos para ajudá-los em seu trabalho. Acho que é isso o que fazem. Seus membros aceitam fazer isso porque acreditam que é uma boa coisa, e muitos deles de fato parecem ser puros e inocentes.

Quando eu estava nos Estados Unidos, fui parado por um de seus membros numa esquina de Manhattan. Não lembro qual era o nome em inglês de seu grupo na época. Uma senhora que conseguia falar um pouco de japonês mencionou "intelecto, emoção, vontade", em japonês. Pensei comigo: "Nossa! Como é possível uma americana conhecer essas palavras em japonês?". De qualquer modo, ela me convidou a ir a uma de suas reuniões para conversar.

Não recordo se era final da tarde de uma sexta-feira ou de um sábado. Ela disse: "Temos uma reunião à noite;

nós apenas nos reunimos, fazemos um jantar leve e conversamos. Somos cristãos". Achei que não seria uma má ideia conhecer um pouco mais do cristianismo. Bem no meio de Manhattan – acho que era perto da 50th Street – me disseram que "intelecto, emoção, vontade" eram importantes. Então, segui a moça sem qualquer suspeita e fui à reunião.

Quando entrei, vi que outro rapaz – um *chef* de cozinha japonesa que estava estudando nos Estados Unidos – também havia sido "capturado" ali, então nós dois fomos colocados como alvo. Creio que fiquei conversando com eles por cerca de cinco horas. Começamos no início da noite e continuamos por umas cinco horas. Achava que aquilo não terminaria nunca, então resolvi me abrir, vesti uma "armadura" e disse a eles: "Também tenho poderes espirituais. Eu entendo do assunto". Quando fiz a eles uma demonstração de uma prática espiritual e falei numa língua desconhecida, pareceram um pouco irritados e disseram: "Sim, nós também sabemos disso" – e de repente mudaram de atitude. Enquanto eu falava com eles, o *chef* fugiu, e fiquei ali sozinho para lidar com eles.

Pediram que eu deixasse meu endereço, nome e telefone, mas achei que seria arriscado. Então, anotei apenas meu endereço, sem o número de telefone. Depois disso, recebi vários cartões postais deles, mas não voltei mais às reuniões.

As pessoas que conheci pareciam ser boas. Eram bondosas e gentis à primeira vista, e como mencionavam coisas como: "Todas as religiões deveriam se tornar uma só", parecia que estavam dizendo coisas positivas. Mas eles se aproximam de você usando vários meios que são quase como uma fraude.

Por exemplo, eles começariam com algo como quiromancia. Uma mulher japonesa que estava na reunião começou a ler a minha mão e me disse: "Você é um homem inteligente". Mas, provavelmente, ela dizia a mesma coisa para todo mundo. As pessoas que trabalham numa companhia japonesa e são enviadas a Nova York geralmente fazem parte de uma elite. Por isso, na maioria dos casos, ela não estaria longe da verdade se dissesse: "Você é uma pessoa inteligente". Ou seja, ela começava a conversa lisonjeando você a fim de conseguir apanhá-lo na sua armadilha. Pareceu-me gentil e bondosa, e apesar de sentir pena dela, não havia muito que eu pudesse fazer.

No caso da Igreja da Unificação, você não sente um "calor ardente" ou "frio excessivo". À primeira vista, a abordagem deles é suave e gentil, mas dá a sensação de que você está sendo lentamente capturado numa teia de aranha até ficar preso nela. Assim que é preso, uma "aranha" aparece de repente e então você está completamente dominado. É assim que eles procedem.

A luta contra os demônios

Tanto na religião quanto na política, você precisa ter objetivo, motivação, meios, processo e resultados corretos

Então, por que a Igreja da Unificação está equivocada? Vamos examinar, por exemplo, o seguinte incidente. Eles formaram um grupo budista em Hokkaido com um nome diferente, produziram coisas como rosários de oração e vasos para vender por alto preço; isso os levou a serem investigados como uma organização que estava cometendo fraude espiritual. Ou seja, trata-se de uma religião que emprega vários recursos fraudulentos – como usar nomes falsos, empregar técnicas de onomancia e quiromancia, recorrer a vários tipos de pretextos ou assumir uma abordagem budista – e acreditam que tudo isso é válido desde que produza bons resultados. É nisso que estão errados.

Portanto, achar que "Não há problema em enganar alguém" é errado. É este o ponto que algumas pessoas têm dificuldade em compreender, mas um bom resultado não tem nenhum valor se os meios empregados para obtê-lo são ruins.

Isso também vale para o comunismo. Por exemplo, a revolução de Mao Tsé-Tung. Ele pode parecer um herói quando você se concentra em como ele iniciou uma revolução para governar o país inteiro e como conseguiu construir um grande império e recuperar a China. No entanto, tratou-se apenas de uma revolução armada. Ele declarou: "O poder político nasce da ponta de um fuzil", que significa: "Ao matar pessoas com uma arma, surge uma revolução e termina em sucesso". Isto leva as pessoas a pensar: "Tudo bem matar pessoas. Você pode usar quaisquer meios. Desde que o resultado e o objetivo sejam corretos, tudo é permitido". Mas nessa atitude há muitas ideias equivocadas. Dezenas de milhões de pessoas morreram de fome durante a sua revolução.

Você com certeza deve ter um propósito correto, mas precisa ter também os meios corretos e a motivação correta. A Happy Science também deve ter a motivação correta e criar resultados corretos usando os meios corretos.

Às vezes, as doenças são curadas por meio de milagres, mas nem todos têm essa experiência. Portanto, até mesmo promover tais milagres seria errado quando se passa dos limites.

Um certo grupo religioso (Seicho-no-Ie) costumava se apresentar dizendo que era possível curar doenças pela simples leitura de seus livros. Às vezes, as doenças são curadas, outras vezes não. É uma bênção que ocorram milagres, mas você não deve usar esses exemplos para enganar as pessoas.

O mesmo pode ser dito a respeito de doar dinheiro. Você pode dar nomes diferentes, como "contribuição", "doação" ou "oferendas" e a Happy Science chama isso de "plantio da felicidade". O ato em si de doar dinheiro a igrejas, santuários e templos é uma boa ação. Para começar, Jesus não era bom em ganhar dinheiro, e Buda tampouco estimulava isso. Viviam de oferendas e esmolas. O próprio ato de oferecer é uma bênção e uma ação preciosa. Mas, se você está coletando donativos por meio de ações equivocadas ou por objetivos desonestos, então é preciso que reflita sobre isso. É aí que você precisa verificar. Será que seus motivos, meios, processos, resultados e objetivos são todos eles consistentes e corretos? Você precisa conferir esse ponto. Se muitos membros de uma certa religião acabam ficando loucos, então você precisa perceber que há algo de errado com esse grupo.

O pensamento equivocado de que "destinos adversos se romperão naturalmente, e bons resultados virão em seguida"

Existe uma religião japonesa que afirma ser capaz de curar doenças. Quando surge uma situação ruim, eles dizem: "Coisas ruins são um sinal de que boas coisas estão por vir". Uma febre diminui depois que ela sobe e, seguindo a mesma lógica, eles afirmam: "Você logo vai melhorar". Este é um grupo dissidente da Seicho-no-Ie. No início, eles viram a Happy Science de maneira amigável, e de vez em quando nos enviavam as revistas deles. Mas, então, registramos mensagens espirituais de Masaharu Taniguchi,

As Leis do Inferno

o fundador da Seicho-no-Ie. Em suas mensagens espirituais, Masaharu Taniguchi disse: "Um antigo palestrante da Seicho-no-Ie, que costumava dar palestras numa região próxima, decidiu ficar independente e fundou seu próprio grupo, chamado Byakko Shinko Kai, mas agora está no Inferno". O grupo se enfureceu e nos amaldiçoou: "Malditos Masaharu Taniguchi e Ryuho Okawa. Vão para o Inferno". E viraram as costas para nós.

Muitas religiões têm semelhanças em seus ensinamentos até certo ponto. Mas, se uma religião se concentra apenas em determinado ensinamento e faz uma interpretação equivocada dele, pode acabar num estado sem salvação.

O mesmo problema aparece na teoria budista que afirma: "O Buda Amitaba coloca a salvação de pessoas ruins acima da salvação de pessoas boas". Embora seja verdade que pessoas ruins possam ser salvas, é errado pensar: "Quanto mais coisas erradas você fizer, maior a probabilidade de ser salvo".

A Seicho-no-Ie ensina a "*chemicalization* do destino", segundo a qual: "Quando o seu destino ruim desmorona, a situação pode parecer pior por um tempo, mas, depois disso, os resultados se transformam para melhor". É um tipo de pensamento positivo, mas se for mal empregado pode servir para justificar qualquer coisa. Por exemplo, se você tem dificuldades no trabalho, adoece ou tem problemas de relacionamento, pode dizer: "Este é o processo do meu destino ruim se desmantelando antes que tudo comece a melhorar. Meu destino está passando por uma reação química ou catálise, e é por isso que essas coisas ruins estão acontecendo. A partir de agora, tudo vai só melhorar". No entanto, se você faz uma simplificação extrema das coisas, essa ideia pode levá-lo a cometer erros.

Na realidade, é possível que você mesmo seja a causa dos seus problemas de relacionamento. Pode haver uma razão para a sua doença, e nesse caso você precisa tratá-la. Um fracasso nos negócios é muitas vezes uma consequência natural aos olhos de um especialista em negócios. Talvez você simplesmente não tenha percebido que isso poderia muito bem acontecer. Por isso, você não deve atribuir seus infortúnios ao seu destino; nem deve simplesmente encará-los como "um carma ruim desmoronando".

4
A luta contra os demônios requer senso comum mundano e a Lei da Causalidade

Acabei criticando um pouco outros grupos religiosos, então pode ser que haja alguns problemas. No entanto, ao falar sobre a luta contra os demônios, não posso deixar de apontar os demônios que estão aninhados nas organizações religiosas. Os grupos budistas não são exceção. Por exemplo, não há dúvida da importância de realizar cultos aos antepassados, mas seria mentiroso dizer coisas como: "Se você realiza cultos aos antepassados, seu destino irá melhorar e você será salvo de todos os seus carmas ruins". Isso porque você mesmo pode estar criando as causas de seus infortúnios.

Algumas pessoas colocam toda a culpa em seus pais ou parentes e dizem: "Sou infeliz porque o espírito do meu pai, da minha mãe, do meu avô ou da minha avó está perdido e não consegue voltar para o Mundo Celestial. São eles a verdadeira causa de toda a minha infelicidade". Em alguns casos, esses espíritos podem de fato estar afetando sua vida. Podem estar assombrando sua casa e possuindo seus familiares. Em algumas famílias, as pessoas morrem da mesma causa por gerações – por exemplo, três gerações com mortes por acidentes de

A luta contra os demônios

trânsito, ou por incêndio ou em razão de um câncer. Algumas religiões pegam esses incidentes e afirmam coisas como: "Isso se deve a um carma de câncer" ou "Isso revela a existência de um carma de mortes por acidentes". Desse modo, eles colocam toda a culpa nos ancestrais.

É verdade que os espíritos perdidos muitas vezes vêm procurar a ajuda de seus descendentes, mas no que se refere à sua própria vida, você precisa refletir sobre si mesmo e corrigir o que for possível. Somente quando alcançar o nível de iluminação em que emite luz ou um halo é que terá poder dármico suficiente para realizar com eficácia o culto aos antepassados. Sua luz pode ser pequena, mas, ao receber esta luz, seus ancestrais perceberão os erros que cometeram.

Ou ainda, também pode ser importante procurar pessoas que receberam um treinamento profissional e são de fato capazes de exercer um poder dármico, e pedir-lhes que expulsem os espíritos perdidos.

Na verdade, existem vários ensinamentos e métodos distintos. Mas é válido afirmar que aqueles com um hemisfério cerebral esquerdo mais fraco ou que não são bons em fazer julgamentos terrenos tendem a se desviar do caminho. Portanto, esteja ciente disso. Você precisa ter certo conhecimento sobre o senso comum deste mundo e também precisa estudar a Lei da Causalidade ou a Lei de Causa e Efeito.

Isso conclui o capítulo.

CAPÍTULO CINCO

Uma mensagem do Salvador

— Para salvar a Terra da crise

Uma mensagem do Salvador

1
A Terra se encontra na maior crise da história

A propagação do medo da humanidade devido ao coronavírus e os perigos de uma grande guerra iminente

Até aqui falei sobre as leis do Inferno e, neste último capítulo, quero expressar o que está na minha mente como "Uma mensagem do Salvador".

No presente momento, a Terra vive uma grande crise, de gravidade nunca vista antes.

Quando comecei este movimento de salvação, a população mundial era de cerca de 5 bilhões, mas agora já está em torno de 8. Significa o acréscimo de 3 bilhões de pessoas.

No entanto, a realidade é que meus ensinamentos não se difundiram o suficiente. Eles não atingiram sequer 3 bilhões de pessoas. Nosso movimento de salvação continua oscilando, mas examinando a atual tendência da década de 2020, devo dizer que a crise que a humanidade enfrenta está ficando ainda mais séria.

Um dos aspectos da crise é a propagação do medo da humanidade diante da disseminação do coronavírus. Atualmente, cerca de 700 milhões de pessoas foram infectadas pelo vírus, mas espera-se que um grande número

As Leis do Inferno

de variantes ainda vá surgir. Esses vírus serão uma séria ameaça à humanidade como um todo.

Ainda há pessoas que não acreditam que essa pandemia foi causada por um país específico. Mas, na hipótese de o vírus ter surgido naturalmente, acredito que isso seria devido à Consciência da Terra, que não estaria satisfeita com o modo de vida dos 8 bilhões de pessoas que estão vivendo na superfície do planeta.

Outro aspecto da crise é que o período de paz, que durou cerca de oitenta anos a partir do término da Segunda Guerra Mundial, está chegando ao fim.

Houve guerras menores nesses oitenta anos, mas nenhuma delas levou a um conflito em larga escala que abalasse o mundo inteiro. Porém, o que está prestes a acontecer será fatal se não conseguirmos reunir a sabedoria da humanidade para superá-lo.

Em geral, quando há um aumento populacional na Terra, sempre ocorre uma guerra. A história mostra que nessas épocas os alimentos, a energia ou outros recursos tornam-se a razão para uma guerra eclodir. As guerras irrompem até mesmo por causa de recursos hídricos. E podem surgir conflitos não só devido à questão da água, mas também pelo controle de grãos, petróleo, carvão, gás natural, energia nuclear e assim por diante.

Embora o aumento populacional tenha alguns efeitos positivos, pode dar origem a uma batalha feroz entre os países em torno dessas questões. E, como consequência,

Uma mensagem do Salvador

isso inevitavelmente irá levar esses países a lutar para expandir seus aliados e eliminar seus inimigos. É preciso, portanto, que a humanidade, a partir de agora, aprenda com a história e faça uso das lições que podem ser extraídas dela. Esta é provavelmente a única maneira de lidar com este problema.

O que aconteceria se a lei se tornasse "Deus" e assumisse o controle

Outro aspecto da crise é que os países da Terra estão agora divididos em vários grupos. O que os separa são suas ideologias, pensamentos ou crenças. De acordo com as afirmações feitas pelos Estados Unidos, a compreensão geral é que se trata de uma batalha entre democracia e autocracia. Mas tal critério não é o suficiente. Há problemas de ambos os lados.

O ateísmo e o materialismo também estão se expandindo constantemente nas nações democráticas. Em outras palavras, essas nações vêm defendendo um materialismo orientado pelo cientificismo, portanto têm problemas equivalentes aos das nações não democráticas.

A democracia é aceitável sob a premissa de que os indivíduos acreditam em Deus e tomam decisões de maneira proativa com base em sua boa consciência enquanto filhos de Deus. O mesmo se aplica aos países de estado de direito, que se desenvolveram usando uma maneira

As Leis do Inferno

de pensar democrática: os ensinamentos de Deus devem fundamentar seus alicerces enquanto as nações "seguem em conformidade com as leis". No entanto, os humanos agora perderam a fé e não ouvem mais os ensinamentos de Deus, portanto as leis estão sendo feitas apenas por meio de discussões e votos de humanos. Assim, é um mundo onde as leis estão "tornando-se Deus" e controlando as pessoas.

Além disso, preocupa-me que cada vez mais países estejam adotando um sistema de vigilância baseado em inteligência artificial (IA) e em outros meios afins, como principal ferramenta para manter o estado de direito. Claro, não me oponho à utilização de máquinas e de outras tecnologias que dão maior praticidade à nossa vida e à sociedade. Essencialmente, o avanço no maquinário deve ser um meio para alcançar um fim, mas hoje está se tornando o objetivo em si. Infelizmente, a situação é que as máquinas se tornaram ferramentas para controlar os humanos.

Cada vez mais as máquinas controlam as pessoas, à medida que a população aumenta. Hoje, os humanos estão sendo monitorados pela IA, governados por leis que eles mesmos criaram e controlados por máquinas. Isso significa que, de certo modo, está começando a domesticação dos humanos.

Há outro problema. Cada país é soberano para fazer suas próprias leis com base na ideia do estado de direito,

Uma mensagem do Salvador

e isso tende a agrupar o mundo em amigos e inimigos. Se os países se dividem em amigos e inimigos, os valores de bem e mal defendidos pelo estado de direito em cada um desses lados muitas vezes podem entrar em conflito entre si. Assim, se uma nação tenta aplicar a justiça de seu próprio país ao resto do mundo, a ação pode ser considerada injusta pelas outras nações. Questões deste tipo têm ocorrido. Cada país tende a pensar apenas em si ao elaborar seu sistema de leis; então, suas leis nem sempre estarão de acordo com as das demais nações.

A crise atual é de grandes proporções. As deficiências do moderno sistema político ou administrativo que teve início nos séculos XVI ou XVII estão ficando cada vez mais evidentes. Na realidade, alguns países tentam difundir seu sistema jurídico interno para o mundo inteiro e vêm causando conflitos militares ou econômicos. Embora a determinação dos valores das taxas de imposto seja um assunto soberano de cada país, na hora de decidir as taxas entre países é preciso haver negociações e conversações. Porém, se uma nação impõe uma maneira de pensar excessivamente forte e autocrática, fica difícil a cooperação com outros países.

Assim, com o aumento populacional, o número de conflitos entre os países irá aumentar. E para solucionar esses conflitos cada país irá expandir sua força militar e haverá competição também para expandir o poderio econômico.

As Leis do Inferno

Na maioria dos casos, um país que tenha expandido seu poderio militar e econômico adotará maneiras agressivas de pensar e começará a assumir o controle dos países vizinhos, menores e mais fracos. Além disso, irá construir alianças ou unir-se a outros países que defendem pontos de vista semelhantes para tentar iniciar um conflito entre grupos de países ainda maiores. Esses casos já ocorreram no passado, embora não exatamente da maneira como está acontecendo agora.

A questão mais preocupante no momento é a existência de armas nucleares na Terra; os membros permanentes do Conselho de Segurança da ONU e alguns outros países possuem essas armas. Existe também a possibilidade de que mais países venham a possuí-las.

O problema com as armas nucleares é que elas podem passar por cima do estado de direito e da democracia e mudar as relações de poder entre os países. Por exemplo, se um país que tem apenas 20 milhões de habitantes está equipado com armas nucleares que podem ser usadas para atacar outros países, ele pode de modo unilateral ganhar vantagem sobre outros países sem poderio nuclear que tenham uma população de 100 milhões, 300 milhões ou mesmo 1 bilhão de pessoas. A arma nuclear em si é mais um poder, que supera a força do sistema democrático ou do estado de direito. A humanidade, neste momento, está sendo testada para ver se tem sabedoria para resolver esta questão.

Uma mensagem do Salvador

Além disso, em razão do aumento populacional, mesmo os modernos sistemas políticos comumente adotados nos países desenvolvidos – democracia, estado de direito e sistema parlamentar – dependem cada vez mais do apoio da grande mídia; não têm alternativa a não ser recorrer a ela para obter informações e tomar decisões. Mas qual seria o critério da mídia para julgar o que é certo? E quais são as coisas que ela está tentando promover, e as que está tentando impedir? O padrão de certo e errado que ela adota baseia-se na maneira corporativa de pensar, e isso tem tido o poder de alimentar conflitos entre os países.

Entramos numa era assim, na qual as vozes de Deus e Buda não alcançam a mídia de massa.

2
Não devemos permitir que a Terra se torne o planeta dos demônios

Este mundo tem a permissão de existir como uma escola de treinamento da alma

Neste mundo moderno cheio de problemas, o que devemos fazer? Como devemos abordá-lo e que resultado devemos produzir? Existem várias opções, mas antecipando a conclusão, independentemente da opção escolhida, há a possibilidade de termos de enfrentar resultados muito duros.

É difícil ensinar o que é certo a 8 bilhões de pessoas, ainda mais quando elas têm deixado de considerar a premissa mais básica: este mundo somente tem a permissão de existir como uma escola para que as almas reencarnem e passem por um treinamento da alma; ele em si não é algo completo.

Na sociedade moderna, porém, os seres humanos tentam definir sua felicidade ou infelicidade ou determinar qual país é feliz ou infeliz apenas dentro dos limites de seu mundo terreno. Com isso, deixam de considerar o que é correto do ponto de vista do mundo além deste, isto é, o Mundo Celestial, ou da perspectiva do Ser Supremo chamado Deus ou Buda. A ideia de que a

Uma mensagem do Salvador

justiça de Deus deve ser estabelecida neste mundo está ausente da moderna sociedade.

É por isso que as pessoas acham que a justiça em um país se resume à lei feita pelo parlamento, e que a justiça entre os países são os tratados, as leis internacionais e os pactos acertados por meio de negociações. Em última análise, significa que a justiça internacional é apoiada pelo poder militar, o que torna um país de poderio militar fraco automaticamente incapaz de enfrentar outro com poder militar forte.

Levando esses pontos em consideração, mesmo que promovamos a paz por meio da liberdade de expressão ou de manifestação, por exemplo, não seremos capazes de vencer um poder militar que tente nos oprimir.

Ao examinarmos a hierarquia do Mundo Celestial, é natural que haja menos pessoas também em um estilo autocrático conforme se caminha em direção ao topo. Mas, quando um ser humano na Terra tenta tomar o lugar de Deus e governar a humanidade, tende a adotar ideias que priorizam o próprio benefício à custa dos outros.

Além disso, um número cada vez maior de pessoas pensa: "Os fortes vão vencer e os fracos vão perder. A lei da sobrevivência dos mais fortes é a realidade". No mundo animal, na natureza, isso é normal. No entanto, é preciso refletir e pensar a fundo se é certo os seres humanos adotarem essa mesma ideia neste mundo, que é um campo de treinamento para a alma.

O perigo de que o sistema de reencarnação se interrompa

O que mais me preocupa agora é que a população deste mundo aumentou para 8 bilhões de pessoas, e toda essa gente cedo ou tarde irá deixá-lo. Só que a maioria partirá sem sequer saber da existência do Céu e do Inferno. Será correto que isso aconteça?

Você precisa saber também que, em princípio, as máquinas e dispositivos dos quais as pessoas dependem neste mundo terreno não existem no mundo espiritual. Tudo o que existe lá são seu pensamento e sua ação espirituais. Em outras palavras, seu pensamento é sua ação.

Assim que você entrar no outro mundo, sua vida ou estilo de vida que depende de tecnologia, ou a maneira pela qual o mundo terreno funciona em torno de máquinas, não existirão mais. São muitas as pessoas que não foram ensinadas a respeito do que uma alma é capaz de fazer por conta própria num mundo sem máquinas, e elas agora estão indo para um mundo de escuridão.

De certa forma, chegamos quase ao limite. Se mais da metade de todas as almas humanas forem para o Inferno, os valores de bem e mal na Terra acabarão se invertendo, assim como funciona a regra da maioria no modo de pensar democrático.

Qual o resultado disso? Seria algo extremamente grave. Significaria que o número de pessoas que ouviriam a

Uma mensagem do Salvador

voz dos demônios ultrapassaria o das que ouvem a voz de Deus. Este mundo fenomênico da terceira dimensão está muito mais perto do Inferno do que do Céu. Isso porque, no início, o Inferno foi formado quando as almas do Céu se acostumaram demais com as vibrações físicas do mundo terreno, e só conseguiam viver de uma maneira terrena também no outro mundo.

O número dessas almas está crescendo rapidamente, e isso não deve ser negligenciado. Em termos históricos, vários salvadores foram enviados à Terra para dissolver o Inferno, e vieram muitos arcanjos, anjos, *tathagatas* e *bodhisattvas* para apoiá-los. No entanto, acabam sendo pouco notados em meio à liberdade de expressão e de pensamento, e passam despercebidos. Assim, as pessoas se tornaram incapazes de distinguir o certo do errado.

E, atualmente, mais pessoas preferem adotar os valores errados; aqueles que ensinam ideologias equivocadas ganham *status* e fama terrenos, enquanto os que ensinam as coisas corretas não têm reconhecimento neste mundo. Estão ocorrendo muitos casos assim.

Portanto, chegará um ponto em que a humanidade precisará se arrepender. Ela já vem passando por períodos turbulentos, e isso continuará por algum tempo.

Quando digo "continuará por algum tempo", não me refiro a um tempo indefinido; minha previsão é que daqui a vinte, trinta anos, no máximo, será decidida a direção geral da humanidade.

Se este mundo for regido por valores opostos àqueles do Céu ou de Deus e Buda e se conectar diretamente ao Inferno, chegará uma hora em que a Consciência da Terra e a Vontade de Deus e Buda irão interromper o treinamento das almas na Terra.

Em outras palavras, é provável que o sistema de reencarnação na Terra seja interrompido por um tempo para que a Terra possa ser purificada.

De que maneira o sistema de reencarnação na Terra será interrompido? Por meio de todos os tipos de incidentes que você possa imaginar. Irão ocorrer sucessivamente eventos que tornarão impossível a sobrevivência humana.

Tenho certeza de que os humanos na Terra aos poucos já estão percebendo isso. Pandemias, guerra, escassez de alimentos, clima anormalmente quente ou frio, ciclones, inundações, além de muitos outros fenômenos desconhecidos, podem de repente atingir a humanidade.

É verdade que as ações do Inferno estão influenciando a Terra, este mundo fenomênico, mas preciso dizer agora que o próprio Inferno está sendo invadido por seres que não são procedentes da Terra. Infelizmente, este assunto está bem além da capacidade de compreensão humana.

Os humanos ainda nem sequer têm certeza se os extraterrestres existem ou não. Do ponto de vista do Universo como um todo e dos alienígenas humanoides, a Terra ainda está num nível extremamente baixo no que se refere a reconhecer ou compreender o espaço sideral.

Uma mensagem do Salvador

Temos recebido influências e intervenções do espaço sideral. No entanto, devo dizer que os terráqueos são incrivelmente ignorantes em relação a este fato e extremamente vulneráveis.

O que quero dizer é que alguns seres extraterrestres estão realmente influenciando os líderes da Terra. Claro, alguns exercem uma influência positiva, mas outros exercem uma influência negativa, e este poder está se intensificando. Não é mais apenas o poder dos demônios no Inferno, oriundos da Terra, que afeta as pessoas, mas também os poderes obscuros do Universo.

Portanto, a próxima questão é esta: como devemos deter esses poderes obscuros? Em alguns países, há líderes e pessoas que se tornaram canais desses poderes obscuros do Universo. Em outras palavras, esses seres extraterrestres das trevas "entram" neles e estão usando-os para realizar seus ideais na Terra.

Uma maneira de interromper isso é colocar esses países numa situação crítica e provocar a queda de seus regimes. Essa seria uma opção, mas só isso não resolveria o problema. Mesmo que tais regimes entrassem em colapso neste mundo, as pessoas que atuam neles simplesmente passariam a agir no mundo do Inferno após a morte. Isso aumentaria as forças do Inferno, e o resultado seria uma disputa de poder entre o Inferno e o Céu. Se as forças do Inferno aumentarem demais, o Céu e o Inferno perderão seu equilíbrio de poder.

Veja, por exemplo, a palavra *perdão*. Para algumas pessoas, significa que você deve perdoar a todos, não importa o mal, o crime ou a ação que tenham cometido nem o tipo de pensamentos que tiveram. Mas, de acordo com essa ideia, qualquer pessoa má poderia ir para o Céu e não para o Inferno e, consequentemente, o próprio Céu acabaria virando um Inferno.

Imagine como seria se a polícia e os bandidos se misturassem ou invertessem seus papéis. Historicamente, isso ocorreu algumas vezes em países governados por ditadores. O resultado seria uma sociedade que se preocuparia pouco com a felicidade das pessoas. Se a Terra chegar a esse ponto, o mais provável é que todo o sistema de reencarnação entre em colapso.

Se isso acontecer, as almas que deveriam sofrer, ser punidas ou receber tratamento no Inferno não mais passariam por esses processos. Em vez disso, após a morte, essas almas continuariam na Terra, manipulando os corpos físicos dos seres humanos vivos. Nesse tipo de situação, o sistema de reencarnação se romperá e algumas almas se tornarão parasitas que habitarão corpos físicos para sempre. Quando o corpo físico dessas pessoas nas quais se hospedam morre, essas almas mudam para outras pessoas. Então, as almas dos corpos possuídos também se tornam espíritos perversos e começam a possuir os corpos de outras pessoas. A essa altura, fica extremamente difícil reencarnar na Terra vindo do Mundo Celestial.

Uma mensagem do Salvador

O "imperador do mundo" pode aparecer e aniquilar etnias e nações que acreditam em Deus ou Buda

A maneira ideal é difundir ao mundo inteiro a Verdade Búdica que ensinamos atualmente e fazer com que todos a compreendam e façam dela suas diretrizes para viver. Mas, em termos populacionais, isso não será fácil de conseguir. A partir de agora, o Mundo Celestial irá enviar numerosos avisos, mas temo que a maioria nem sequer irá perceber que se tratam de advertências do Céu. O mais provável é que irão vê-las como meras coincidências ou fenômenos naturais.

Além disso, receio que será cada vez maior o número de pessoas que pensam "A polícia e os militares deste mundo é que têm o real poder. Assim, aqueles que podem assumir o comando da policia ou das forças armadas e fazer o que bem entendem são as pessoas mais poderosas; são os deuses vivos do mundo moderno".

Mas Deus não é apenas bondoso; Deus também tem um aspecto rigoroso, e fará com que aqueles que estão do lado errado paguem o preço de acordo.

Por exemplo, no passado, duas bombas atômicas foram lançadas no Japão, mas os únicos que se lembram disso são os japoneses e um pequeno grupo de pessoas solidárias. Como as outras nações não sofreram essa tragédia, talvez haja o lançamento de uma bomba atômica ou de hidrogênio em algum outro país antes que a redução de armas nucleares aconteça. Infelizmente, parece que as pessoas não conseguem entender os sofrimentos alheios, apesar de sentir o próprio. Então, acho que isso talvez ocorra em breve.

Quando um país tem armas nucleares e outro não, o que pode acontecer em última instância é o primeiro dizer ao segundo: "Se você não nos obedecer, vamos lançar um ataque nuclear e exterminá-lo". Nesse caso, o país sem armas nucleares tem duas opções apenas: ou tornar-se escravo ou perecer. Mesmo quando não existiam armas nucleares, a Ásia e a América do Sul foram dominadas pelas grandes potências do Ocidente. Como naquela época, alguns países talvez tenham de enfrentar agora uma situação em que precisem escolher entre ser colonizados ou extintos.

Entramos agora na era espacial, e podemos também sofrer ataques do espaço sideral num futuro próximo, o que pode comprometer seriamente as condições que permitem que os humanos vivam na Terra.

Portanto, você precisa começar tendo conhecimento dos fatos e compreendendo a atual situação. Não podemos permitir que este planeta se torne o planeta dos demônios. Quando digo "planeta dos demônios" refiro-me a uma Terra governada pelo mal.

Por exemplo, se um chefe de gangue fosse o chefe de polícia, ou o prefeito da cidade, ou governador ou pri-

Uma mensagem do Salvador

meiro-ministro, as pessoas que vivessem nessa época passariam por um tremendo sofrimento. Pior ainda, se em vez de chefe de gangue ele fosse um psicopata, as coisas seriam ainda mais cruéis.

Já houve no passado muitas épocas em que os líderes oprimiram ou massacraram completamente aqueles que se opuseram a eles, que mostraram qualquer sinal de rebeldia ou defenderam uma ideologia contrária ao regime. No entanto, devido às restrições dessas eras, esses incidentes ficaram quase sempre limitados à região. Imagine, porém, se algo semelhante à perseguição nazista aos judeus ocorresse em escala global. Seria realmente horripilante.

Se surgisse alguém que se proclamasse imperador do mundo e dissesse: "A partir de agora, qualquer pessoa, grupo étnico ou país que tenha fé em Deus e Buda será destruído", as pessoas perderiam sua fé.

Assim, entramos numa era em que os humanos são controlados pelas armas ou instrumentos de ataque que eles mesmos criaram. É também uma era em que os sistemas de computação, criados pelos humanos, encarregam-se de vigiá-los, como se fossem formigas sendo observadas e controladas individualmente.

3
Comece a luta espiritual para resgatar a natureza humana

Estabeleça a Fé em El Cantare no mundo inteiro nesta era moderna

Eis aqui minha mensagem: primeiro, resgate a natureza humana. É importante que você recupere a verdadeira missão que naturalmente deveria ter como ser humano.

Ter fé faz parte do instinto humano. Os humanos são diferentes de pequenas criaturas como as formigas; são humanos precisamente porque têm o instinto de acreditar que Deus e Buda existem. Este é o pré-requisito das almas humanas.

Aprendemos com a Verdade que os humanos foram originalmente separados de uma luz maior; as almas das pessoas que vivem neste mundo são fragmentos de almas maiores, e essas almas maiores são fragmentos de almas ainda maiores, e assim por diante. A luz que reside dentro dos seres humanos é originalmente uma partícula da Luz da Alma de Deus ou Buda. É um fragmento dela. Portanto, os humanos não devem se equiparar a mero "pó". Este é seu dever natural.

É por isso que devemos agora iniciar nossa luta espiritual.

Uma mensagem do Salvador

Em particular, as pessoas em países que estão prestes a entrar em guerra talvez acreditem que estão apenas seguindo seus líderes, mas precisam saber que seus líderes estão começando a ser manipulados pelos "mensageiros das trevas" que vieram do espaço sideral. Esses seres adotam diferentes abordagens; podem possuir espiritualmente os líderes ou enviar-lhes inspiração, ou "entram" nos corpos físicos dos líderes terrestres enquanto o verdadeiro corpo deles permanece numa nave espacial. Agora, há um número cada vez maior de pessoas sendo controladas dessa maneira.

O dia da batalha final se aproxima; infelizmente, as forças da luz ainda estão muito fracas. Fico entristecido ao ver que as forças do mal se expandem tão rápido sob nossos pés, como raízes subterrâneas.

O livro de Nietzsche no qual ele escreveu "Deus está morto" vendeu apenas de 40 a 100 exemplares em sua primeira edição; o próprio Nietzsche pagou para publicá-lo. Mas, em pouco tempo, a mídia e a educação foram usadas como meios para difundir sua ideologia, e desde então ela tem se espalhado de diferentes formas ao redor do mundo. Se a filosofia e a ciência forem desenvolvidas com base na premissa de que "Deus está morto", todas as demais estruturas acadêmicas acabarão seguindo o mesmo caminho.

Se o mundo terreno se tornar assim e chegarmos ao ponto em que não seja mais possível reverter a situação por meio de uma batalha ideológica, é provável que a humanidade seja extinta. Foi o que aconteceu com os antigos continentes da Atlântida, Mu e Lemúria (Ramudia). Em última instância, as coisas podem chegar a esse ponto. Aconteceu somente há cerca de 10 mil anos, e pode muito bem ocorrer de novo agora.

Esse dia chegará inesperadamente. Ele virá de repente, sem que a humanidade tenha tempo para se preparar. Por isso, quero dizer a você: com todas as suas forças, faça o máximo que puder no tempo de que ainda dispõe em vida.

O que eu quero que você faça? Deixe-me dizer isso claramente.

Por favor, estabeleça firmemente a Fé em El Cantare, agora, nesta era moderna. Estabeleça com firmeza a Fé em El Cantare não apenas no Japão, mas também em todo o mundo.

Isso significa acreditar que o ser agora chamado de "El Cantare" já foi Alpha – o Criador da Terra – e Elohim – Aquele que estabeleceu o bem e o mal neste mundo – e que agora está tentando lutar para conter a crise final da Terra. Por favor, estabeleça esta fé.

Busque o Correto Coração e pratique os Quatro Corretos Caminhos da era moderna

Viver com esta fé significa, em termos simples, a *Busca do Correto Coração*. Tenho condensado isso nos Quatro

Uma mensagem do Salvador

Corretos Caminhos da era moderna, que compreendem o amor, o conhecimento, a reflexão e o desenvolvimento.

1) Amor – Faça uma mudança de paradigma de "cobrar amor" para "dar amor"

Primeiro, vem o ensinamento do *amor*. A maioria das pessoas tem uma compreensão equivocada do amor. Um número cada vez maior de pessoas acredita que o amor é algo para ser cobrado ou que é algo dado pelos outros. Essa ideia está difundida também no comunismo – com frequência no sentido econômico. Eles acreditam que "os que não têm nada têm direito de explorar os que têm, tomando deles". Mas essa maneira de pensar é equivocada.

Os humanos nascem neste mundo com o propósito de elevar sua alma por meio de esforços e alcançando resultados de valor. Por isso, não é bom tirar o que outras pessoas ganharam com trabalho duro quando você mesmo não fez nada para ganhá-lo, ou então criar um sistema que permita fazer isso. Criar um sistema nesses moldes também pode levar à corrupção dos indivíduos.

Outro exemplo de compreensão equivocada do amor é a política de bem-estar social adotada nas sociedades liberais. Não chego a ponto de negar que esse é um dos sistemas úteis que a humanidade inventou, mas em alguns casos tem sido usado meramente para substituir o comunismo e para dissolver as insatisfações e queixas das pessoas. Como resultado, isso pode levar uma nação à falência e ao colapso, sem que Deus ou Buda precisem usar seu poder.

No Japão, também, o governo continua gastando o dobro do que os cidadãos pagam em impostos. Isso indica que o país irá à falência em algum momento. O mesmo vale para os Estados Unidos e a maioria dos países da União Europeia, e é algo que já está ocorrendo em alguns países pobres da Ásia e da África.

A resposta para este problema é: você precisa ter a consciência da abastança e pensar em viver de modo condizente com sua renda.

É importante mudar o paradigma em relação ao amor: passar de "cobrar amor" para "dar amor". Dar amor é o poder de Deus ou Buda que permite que a humanidade viva. As pessoas precisam assumir um papel que as leve a praticar um tipo de amor que irradia luz indiscriminadamente, como o Sol.

2) Conhecimento – Estude a Verdade Búdica para elevar sua alma

Em que consiste, então, o *conhecimento* dentro dos Quatro Corretos Caminhos – amor, conhecimento, reflexão e desenvolvimento? Significa a Verdade Búdica. Mesmo que você ganhe conhecimento neste mundo, sua alma só se desenvolverá se este conhecimento estiver apoiado por

Uma mensagem do Salvador

uma legítima perspectiva do mundo, a verdade espiritual ou os ensinamentos de Deus e Buda.

Devo dizer que é absolutamente errado pensar que "Deus está morto", que "Materialismo é tudo" ou que "A conveniência neste mundo é a melhor coisa que existe. Isso é que é felicidade". Se a humanidade não sabe sequer de onde veio e para onde vai, é como se fossem pessoas numa plataforma de estação de trem sem saber por que estão ali. Na realidade, você está esperando o próximo trem para ir a algum lugar. Não saber de onde você veio e para onde está indo significa que você esqueceu quem você é.

3) Reflexão – Examine seus pensamentos e ações, os pecados que cometeu e refine sua mente

A seguir vem a *reflexão*. As pessoas às vezes vão para o Inferno. Se você levou a vida de uma maneira que vai contra a Verdade Búdica, cairá no Inferno.

Nessa hora, porém, não deve se rebelar em vão e se juntar à força que desafia Deus. Você mesmo deve refletir sobre seus pensamentos e ações, os pecados que cometeu e se arrepender. Por meio da autorreflexão, você consegue polir sua mente e retornar ao Mundo Celestial. Foi-nos concedida esta capacidade.

Assim, por favor, recupere este poder e faça dele o eixo central do seu aprendizado enquanto vive.

4) Desenvolvimento – Crie a utopia na qual aqueles que acumularam virtude possam guiar muitas pessoas

Por último temos o *desenvolvimento*, que inclui "criar utopia". Há várias ideologias que mencionam "criar utopia", mas você deve ser capaz de distinguir com rigor utopia de distopia. Não pense que um mundo semelhante àquele retratado por George Orwell em seus livros *1984* ou *A Revolução dos Bichos* é uma utopia. Você deve ter como objetivo a criação de um país e uma sociedade em que todos que acumularam virtude por meio de treinamento espiritual possam guiar muitas pessoas.

Nem é preciso dizer o quanto é imperdoável um líder acumular poder por meio do uso astucioso de mentiras ou dinheiro, *status* ou fama para instigar as pessoas. É inadmissível que alguém controle a sociedade da maneira que imagina, por meio de uma conspiração. Além disso, não devemos permitir que as pessoas façam uso da mídia para desencaminhar o público e levá-lo a acreditar em falsas informações, levando todos a um fim trágico – isso nunca deve acontecer.

Uma verdadeira sociedade utópica deve ser aquela que consegue se harmonizar com o Mundo Celestial.

Fico muito triste ao ver o crescimento excessivo da mídia centrado na dúvida e na desconfiança.

Outra preocupação minha é que na moderna sociedade democrática a quantidade de conhecimento que você

Uma mensagem do Salvador

acumula neste mundo se tornou um símbolo de *status*. É como se a quantidade de conhecimento adquirida tivesse substituído o sistema de classes. É essa a tendência dos nossos dias. No entanto, "adquirir conhecimento" não significa necessariamente "adquirir sabedoria".

Portanto, de tudo o que você tiver aprendido, escolha o conhecimento real, aquele que contém o brilho de um diamante, e use-o naquilo que você experimenta como "treinamento de vida", e transforme-o em sabedoria. Isso é muito importante.

Hoje, porém, as coisas estão diferentes. A formação educacional que a pessoa adquire, como notas e classificação escolar, está sendo usada para escolher os indivíduos que ocuparão posições de liderança. Com base nesses registros, esses indivíduos agem como se tivessem "nascido para ser aristocratas", e olham para os outros com ares de superioridade, controlam os outros, dão-lhes ordens. Infelizmente, esta não é uma atitude celestial. É uma mera ilusão.

Esforce-se para criar uma sociedade melhor com a prática dos Quatro Corretos Caminhos

Abra sua mente e pergunte a si mesmo:
"Será que estou vivendo como se a Vontade de Deus fosse a minha vontade?"
"Será que estou fazendo da Sabedoria de Deus a minha sabedoria?"

As Leis do Inferno

Pessoas que se esforçam,
Refletindo sobre si mesmas a respeito desses pontos com
 humildade,
São aquelas que devem acumular muita sabedoria
E guiar os outros.
Em um mundo assim, é importante que você
Transborde também de amor,
Reconheça os próprios erros,
Incentive todas as pessoas no estudo da Verdade,
E esforce-se para criar uma sociedade melhor.

A direção que você deve almejar
Não é o materialismo ou o cientificismo
Que estão concentrados apenas neste mundo.

Não importa o quanto a ciência tenha avançado,
Ela ainda não é capaz de desvendar o mistério da vida.
Por que larvas nascidas de pequenos ovos na terra
Vêm à superfície
E se tornam besouros ou lucanos?
A ciência não consegue nem mesmo responder a isso.
Por que corpos humanos se desenvolvem?
Por que cada órgão dentro de nosso corpo cumpre sua
 missão?
Por que o sistema cerebral desempenha todos os tipos
 de funções
Quando nós mesmos não fizemos isso?

Uma mensagem do Salvador

Descobrimos e pesquisamos o que é o DNA,
Mas, em primeiro lugar, por que existe algo como o DNA?
A humanidade não tem como responder a essas perguntas.
Alguns cientistas iludidos dizem que o DNA é a própria alma.
Alguns chegam a acreditar que
"A transmissão do DNA
De pais para filhos e netos equivale à reencarnação da alma";
Mas devo dizer que isso nada mais é do que
Uma forma de expressão moderna da ignorância religiosa.

4
Minha esperança é manter a Terra como campo de treinamento para as almas

Utopia na Terra
– O mundo da *Verdade*, do *Bem* e da *Beleza*

Minha esperança é manter a Terra
Como o local em que muitas almas possam reencarnar
E empreender treinamento espiritual também em suas vidas futuras.
Eu também gostaria que muitas pessoas entendessem que,
Aos olhos dos seres do espaço,
A Terra é um dos locais preferidos como
Campo de treinamento para as almas.

Devemos voltar à origem da educação
E reformá-la completamente.
Se possível, devemos estabelecer
O mundo do bem por meio de todas as nossas
    atividades.
Criar a utopia na Terra é, em outras palavras,
Estabelecer o mundo da Verdade, do Bem e da Beleza –
O mundo verdadeiro, o mundo bom e o mundo belo.
No entanto, essa utopia não deve ser aquele tipo de utopia
Que faz as almas ficarem apegadas

Uma mensagem do Salvador

Ao mundo terreno para sempre.
Um dia, você irá deixar seu corpo físico
E entrar no outro mundo, onde não comerá mais,
Nem sequer conseguirá segurar a mão de outra pessoa.
Passará para um mundo assim, que parece uma ilusão,
Mas que é o mundo real.

Os humanos devem se tornar sábios o suficiente
Para serem capazes de compreender isso.

**Cada ser humano deve cumprir sua grande missão
– Salvar a mente das pessoas, uma por uma**

Agora, estou profundamente preocupado ao
Ver o Inferno aumentar seu território e o mal se espalhar
Na mente das pessoas que vivem neste mundo terreno.
Quero que as pessoas sejam fortes.
O mundo real é o mundo invisível,
E o mundo visível é o mundo temporário.
Aqueles que têm um ponto de apoio neste mundo
Devem achar difícil entender isso,
Mas espero que você estude esta Verdade paradoxal:
Aqueles que conseguem enxergar neste mundo não
  enxergam de fato,
Enquanto aqueles que conseguem ver o que não é deste
  mundo
São os que conseguem realmente ver.

Se você conseguir entender ao menos isso,
Será capaz de compreender
O que está no âmago de todas as religiões e qual o seu sentido.
Todo sofrimento e tristeza neste mundo
Existem para a felicidade de suas vidas futuras.
Portanto, mesmo que você experimente
Sofrimento e tristeza neste mundo,
Não deve encará-los como se fossem sua própria vida.
Uma experiência é apenas uma experiência –
E só quando você aprende com ela
É que a Verdade lançará sua luz.
Por favor, não se esqueça disso.

A partir de agora, estamos entrando na era
Em que lutamos pela Verdade.
O estado em que o mundo se encontra agora
Ainda está muito distante de como desejo que seja.
Não sei o quanto conseguirei suportar.
Mas a crise se aproxima cada vez mais;
Na realidade, já está acontecendo.
Eu gostaria que soubesse que estamos atravessando uma grande crise agora.

Desejo que você viva sabendo considerar
O que é verdadeiramente sagrado como algo sagrado de fato

Uma mensagem do Salvador

E o que não é sagrado, como algo que não é.
Espero que você viva sabendo distingui-los.

Isso conclui o que eu queria dizer neste capítulo,
"Uma mensagem do Salvador".

Por favor, tente captar minha verdadeira intenção.
Os muitos livros da Happy Science
Irão ajudá-lo a entender isso.

Eu rezo do fundo do meu coração
Para que cada ser humano consiga cumprir sua grande
   missão –
Salvar a mente das pessoas, uma por uma.

Posfácio

"Você ainda está falando sobre o Grande Rei Enma, e o Executor Vermelho, em plena era moderna? Pare com essa bobagem." Estou certo de que muita gente pensa assim. Talvez digam: "Isso é coisa dos contos folclóricos japoneses". Eles não são mencionados nos livros didáticos, e tampouco caem nos exames vestibulares. Buda Shakyamuni é algo pré-histórico; Jesus era o filho inútil de um carpinteiro. Sócrates foi um inimigo da regra da maioria que abusou do nome de Deus.

"Como querem que eu acredite que Ame-no-Mioya-Gami, o Deus-Pai japonês, desceu no monte Fuji vindo da galáxia de Andrômeda, há 30 mil anos, para criar o povo japonês?"

Outros ainda podem dizer: "Não vejo nada de errado em homens e mulheres fazerem sexo do jeito que bem entenderem. Afinal, não somos diferentes dos cães". "Religião é só lavagem cerebral. É uma fraude espiritual".

Não há anjos entre jornalistas que fazem afirmações desse tipo. Até advogados vão para o Inferno. Mesmo aquele indivíduo que ganhou um funeral com honras de Estado em sua homenagem teve a língua arrancada por Enma.

As Leis do Inferno

Aqueles que são considerados "grandes" neste mundo serão "pequenos", enquanto os considerados "pequenos" neste mundo serão "grandes". Não importa seu grau de instrução, sua carreira ou o número de prêmios ou medalhas que tenha recebido: se você não souber sobre o bem e o mal da mente, estará destinado a ir para o Inferno.

Ryuho Okawa
Mestre e CEO do Grupo Happy Science
Novembro de 2022

Os capítulos desta obra foram compilados a partir das seguintes palestras:

Capítulo Um: Introdução ao Inferno
Título em japonês: *Jigoku Nyumon*
Palestra ministrada em 24 de julho de 2022
no Salão Especial de Palestras da Happy Science, Japão

Capítulo Dois: As Leis do Inferno
Título em japonês: *Jigoku no Ho*
Palestra ministrada em 25 de julho de 2022
no Salão Especial de Palestras da Happy Science, Japão

Capítulo Três: Maldições e possessão
Título em japonês: *Noroi to Hyo-i*
Palestra ministrada em 1º de agosto de 2022
no Salão Especial de Palestras da Happy Science, Japão

Capítulo Quatro: A luta contra os demônios
Título em japonês: *Akuma to no Tatakai*
Palestra ministrada em 3 de agosto de 2022
no Salão Especial de Palestras da Happy Science, Japão

Capítulo Cinco: Uma mensagem do Salvador
Título em japonês: *Kyuseishu kara no Message*
Palestra ministrada em 6 de agosto de 2022
no Salão Especial de Palestras da Happy Science, Japão

NOTAS DO TRADUTOR

1 O Juiz Especial do Inferno no budismo e no hinduísmo. Recentemente, a Happy Science revelou que os Enmas, ou Yamas, existem no mundo espiritual de vários países, inclusive no Japão. (N. do T.)

2 Shinran (1173-1263) foi um monge budista japonês, fundador da Escola de Budismo da Verdadeira Terra Pura. (N. do T.)

Sobre o autor

Fundador e CEO do Grupo Happy Science.
Ryuho Okawa nasceu em 7 de julho de 1956, em Tokushima, no Japão. Após graduar-se na Universidade de Tóquio, juntou-se a uma empresa mercantil com sede em Tóquio. Enquanto trabalhava na matriz de Nova York, estudou Finanças Internacionais no Graduate Center of the City University of New York. Em 23 de março de 1981, alcançou a Grande Iluminação e despertou para Sua consciência central, El Cantare – cuja missão é trazer felicidade para a humanidade.

Em 1986, fundou a Happy Science, que atualmente expandiu-se para mais de 168 países, com mais de 700 templos e 10 mil casas missionárias ao redor do mundo.

O mestre Ryuho Okawa realizou mais de 3.500 palestras, sendo mais de 150 em inglês. Ele tem mais de 3.100 livros publicados (sendo mais de 600 mensagens espirituais) – traduzidos para mais de 41 línguas –, muitos dos quais se tornaram best-sellers e alcançaram a casa dos milhões de exemplares vendidos, inclusive *As Leis do Sol* e *As Leis do Inferno*. Ele é o produtor executivo dos filmes da Happy Science (até o momento, 27 obras produzidas), sendo o responsável pela história e pelo conceito original deles, além de ser o compositor de mais de 450 músicas, inclusive músicas-tema de filmes.

Ele é também o fundador da Happy Science University, da Happy Science Academy, do Partido da Realização da Felicidade, fundador e diretor honorário do Instituto Happy Science de Governo e Gestão, fundador da Editora IRH Press e presidente da NEW STAR PRODUCTION Co. Ltd. e ARI Production Co. Ltd.

O que é El Cantare?

El Cantare é o Deus da Terra e é o Deus Primordial do grupo espiritual terrestre. Ele é a existência suprema a quem Jesus chamou de Pai, e é Ame-no-Mioya-Gami, Deus-Pai japonês. El Cantare enviou partes de sua alma à Terra, tais como Buda Shakyamuni e Hermes, para guiar a humanidade e desenvolver as civilizações. Atualmente, a consciência central de El Cantare desceu à Terra como Mestre Ryuho Okawa e está pregando ensinamentos para unir as religiões e integrar vários campos de estudo a fim de guiar toda a humanidade à verdadeira felicidade.

Alpha: parte da consciência central de El Cantare, que desceu à Terra há cerca de 330 milhões de anos. Alpha pregou as Verdades da Terra para harmonizar e unificar os humanos nascidos na Terra e os seres do espaço que vieram de outros planetas.

Elohim: parte da consciência central de El Cantare, que desceu à Terra há cerca de 150 milhões de anos. Ele pregou sobre a sabedoria, principalmente sobre as diferenças entre luz e trevas, bem e mal.

Ame-no-Mioya-Gami: Ame-no-Mioya-Gami (Deus-Pai japonês) é o Deus Criador e ancestral original do povo japonês que aparece na literatura da antiguidade, Hotsuma Tsutae. É dito que Ele desceu na região do monte Fuji 30 mil anos atrás e construiu a dinastia Fuji, que é a raiz da civilização japonesa. Centrados na justiça, os ensinamentos de Ame-no-Mioya-Gami espalharam-se pelas civilizações antigas de outros países do mundo.

Buda Shakyamuni: Sidarta Gautama nasceu como príncipe do clã Shakya, na Índia, há cerca de 2.600 anos. Aos 29 anos, renunciou ao mundo e ordenou-se em busca de iluminação. Mais tarde, alcançou a Grande Iluminação e fundou o budismo.

Hermes: na mitologia grega, Hermes é considerado um dos doze deuses do Olimpo. Porém, a verdade espiritual é que ele foi um herói da vida real que, há cerca de 4.300 anos, pregou os ensinamentos do amor e do desenvolvimento que se tornaram a base da civilização ocidental.

Ophealis: nasceu na Grécia há cerca de 6.500 anos e liderou uma expedição até o distante Egito. Ele é o deus dos milagres, da prosperidade e das artes, e também é conhecido como Osíris na mitologia egípcia.

Rient Arl Croud: nasceu como rei do antigo Império Inca há cerca de 7.000 anos e ensinou sobre os mistérios da mente. No mundo celestial, ele é o responsável pelas interações que ocorrem entre vários planetas.

Thoth: foi um líder onipotente que construiu a era dourada da civilização de Atlântida há cerca de 12 mil anos. Na mitologia egípcia, ele é conhecido como o deus Thoth.

Ra Mu: foi o líder responsável pela instauração da era dourada da civilização de Mu, há cerca de 17 mil anos. Como líder religioso e político, ele governou unificando a religião e a política.

Sobre a Happy Science

A Happy Science é um movimento global que capacita as pessoas a encontrar um propósito de vida e felicidade espiritual, e a compartilhar essa felicidade com a família, a sociedade e o planeta. Com mais de 12 milhões de membros em todo o globo, ela visa aumentar a consciência das verdades espirituais e expandir nossa capacidade de amor, compaixão e alegria, para que juntos possamos criar o tipo de mundo no qual todos desejamos viver. Seus ensinamentos baseiam-se nos Princípios da Felicidade – Amor, Conhecimento, Reflexão e Desenvolvimento –, que abraçam filosofias e crenças mundiais, transcendendo as fronteiras da cultura e das religiões.

O **amor** nos ensina a dar livremente sem esperar nada em troca; amar significa dar, nutrir e perdoar.

O **conhecimento** nos leva às ideias das verdades espirituais e nos abre para o verdadeiro significado da vida e da vontade de Deus – o universo, o poder mais alto, Buda.

A **reflexão** propicia uma atenção consciente, sem o julgamento de nossos pensamentos e ações, a fim de nos ajudar a encontrar o nosso eu verdadeiro – a essência de nossa alma – e aprofundar nossa conexão com o poder mais alto. Isso nos permite alcançar uma mente limpa e pacífica e nos leva ao caminho certo da vida.

O **desenvolvimento** enfatiza os aspectos positivos e dinâmicos do nosso crescimento espiritual: ações que podemos adotar para manifestar e espalhar a felicidade pelo planeta. É um caminho que não apenas expande o crescimento de nossa alma, como também promove o potencial coletivo do mundo em que vivemos.

Programas e Eventos

Os templos da Happy Science oferecem regularmente eventos, programas e seminários. Junte-se às nossas sessões de meditação, assista às nossas palestras, participe dos grupos de estudo, seminários e eventos literários.

Nossos programas ajudarão você a:
- aprofundar sua compreensão do propósito e significado da vida;
- melhorar seus relacionamentos conforme você aprende a amar incondicionalmente;
- aprender a tranquilizar a mente, mesmo em dias estressantes, pela prática da contemplação e da meditação;
- aprender a superar os desafios da vida e muito mais.

Contatos

A Happy Science é uma organização mundial, com centros de fé espalhados pelo globo. Para ver a lista completa dos centros, visite a página happy-science.org (em inglês). A seguir encontram-se alguns dos endereços da Happy Science:

BRASIL

São Paulo (Matriz)
Rua Domingos de Morais 1154,
Vila Mariana, São Paulo, SP
CEP 04010-100, Brasil
Tel.: 55-11-5088-3800
E-mail: sp@happy-science.org
Website: happyscience.com.br

São Paulo (Zona Sul)
Rua Domingos de Morais 1154,
Vila Mariana, São Paulo, SP
CEP 04010-100, Brasil
Tel.: 55-11-5088-3800
E-mail: sp_sul@happy-science.org

São Paulo (Zona Leste)
Rua Itapeti 860, sobreloja
Tatuapé, São Paulo, SP
CEP 03324-002, Brasil
Tel.: 55-11-2295-8500
E-mail: sp_leste@happy-science.org

São Paulo (Zona Oeste)
Rua Rio Azul 194,
Vila Sônia, São Paulo, SP
CEP 05519-120, Brasil
Tel.: 55-11-3061-5400
E-mail: sp_oeste@happy-science.org

Campinas
Rua Joana de Gusmão 108,
Jd. Guanabara, Campinas, SP
CEP 13073-370, Brasil
Tel.: 55-19-4101-5559

Capão Bonito
Rua General Carneiro 306,
Centro, Capão Bonito, SP
CEP 18300-030, Brasil
Tel.: 55-15-3543-2010

Jundiaí
Rua Congo 447,
Jd. Bonfiglioli, Jundiaí, SP
CEP 13207-340, Brasil
Tel.: 55-11-4587-5952
E-mail: jundiai@happy-science.org

Londrina
Rua Piauí 399, 1º andar, sala 103,
Centro, Londrina, PR
CEP 86010-420, Brasil
Tel.: 55-43-3322-9073

Santos / São Vicente
Tel.: 55-13-99158-4589
E-mail: santos@happy-science.org

Sorocaba
Rua Dr. Álvaro Soares 195, sala 3,
Centro, Sorocaba, SP
CEP 18010-190, Brasil
Tel.: 55-15-3359-1601
E-mail: sorocaba@happy-science.org

Rio de Janeiro
Rua Barão do Flamengo 32, 10º andar,
Flamengo, Rio de Janeiro, RJ
CEP 22220-080, Brasil
Tel.: 55-21-3486-6987
E-mail: riodejaneiro@happy-science.org

ESTADOS UNIDOS E CANADÁ

Nova York
79 Franklin St.,
Nova York, NY 10013
Tel.: 1-212-343-7972
Fax: 1-212-343-7973
E-mail: ny@happy-science.org
Website: happyscience-usa.org

Los Angeles
1590 E. Del Mar Blvd.,
Pasadena, CA 91106
Tel.: 1-626-395-7775
Fax: 1-626-395-7776
E-mail: la@happy-science.org
Website: happyscience-usa.org

San Francisco
525 Clinton St.,
Redwood City, CA 94062
Tel./Fax: 1-650-363-2777
E-mail: sf@happy-science.org
Website: happyscience-usa.org

Havaí – Honolulu
Tel.: 1-808-591-9772
Fax: 1-808-591-9776
E-mail: hi@happy-science.org
Website: happyscience-usa.org

Havaí – Kauai
4504 Kukui Street,
Dragon Building Suite 21,
Kapaa, HI 96746
Tel.: 1-808-822-7007
Fax: 1-808-822-6007
E-mail: kauai-hi@happy-science.org
Website: happyscience-usa.org

Flórida
5208 8th St., Zephyrhills,
Flórida 33542
Tel.: 1-813-715-0000
Fax: 1-813-715-0010
E-mail: florida@happy-science.org
Website: happyscience-usa.org

Toronto (Canadá)
845 The Queensway Etobicoke,
ON M8Z 1N6, Canadá
Tel.: 1-416-901-3747
E-mail: toronto@happy-science.org
Website: happy-science.ca

Contatos

INTERNACIONAL

Tóquio
1-6-7 Togoshi, Shinagawa
Tóquio, 142-0041, Japão
Tel.: 81-3-6384-5770
Fax: 81-3-6384-5776
E-mail: tokyo@happy-science.org
Website: happy-science.org

Londres
3 Margaret St.,
Londres, W1W 8RE, Reino Unido
Tel.: 44-20-7323-9255
Fax: 44-20-7323-9344
E-mail: eu@happy-science.org
Website: happyscience-uk.org

Sydney
516 Pacific Hwy, Lane Cove North,
NSW 2066, Austrália
Tel.: 61-2-9411-2877
Fax: 61-2-9411-2822
E-mail: sydney@happy-science.org
Website: happyscience.org.au

Kathmandu
Kathmandu Metropolitan City
Ward No 15, Ring Road, Kimdol,
Sitapaila Kathmandu, Nepal
Tel.: 977-1-427-2931
E-mail: nepal@happy-science.org

Kampala
Plot 877 Rubaga Road, Kampala
P.O. Box 34130, Kampala, Uganda
E-mail: uganda@happy-science.org

Bangkok
19 Soi Sukhumvit 60/1,
Bang Chak, Phra Khanong,
Bangkok, 10260, Tailândia
Tel.: 66-2-007-1419
E-mail: bangkok@happy-science.org
Website: happyscience-thai.org

Paris
56-60 rue Fondary 75015
Paris, França
Tel.: 33-9-50-40-11-10
Website: www.happyscience-fr.org

Berlim
Rheinstr. 63, 12159
Berlim, Alemanha
Tel.: 49-30-7895-7477
E-mail: kontakt@happy-science.de

Filipinas Taytay
LGL Bldg, 2nd Floor,
Kadalagaham cor,
Rizal Ave. Taytay,
Rizal, Filipinas
Tel.: 63-2-5710686
E-mail: philippines@happy-science.org

Seul
74, Sadang-ro 27-gil,
Dongjak-gu, Seoul, Coreia do Sul
Tel.: 82-2-3478-8777
Fax: 82-2- 3478-9777
E-mail: korea@happy-science.org

Taipé
Nº 89, Lane 155, Dunhua N. Road.,
Songshan District, Cidade de Taipé 105,
Taiwan
Tel.: 886-2-2719-9377
Fax: 886-2-2719-5570
E-mail: taiwan@happy-science.org

Kuala Lumpur
Nº 22A, Block 2, Jalil Link Jalan Jalil
Jaya 2, Bukit Jalil 57000, Kuala Lumpur,
Malásia
Tel.: 60-3-8998-7877
Fax: 60-3-8998-7977
E-mail: malaysia@happy-science.org
Website: happyscience.org.my

Outros livros de Ryuho Okawa

SÉRIE LEIS

As Leis do Sol – *A Gênese e o Plano de Deus*
IRH Press do Brasil

Ao compreender as leis naturais que regem o universo e desenvolver sabedoria pela reflexão com base nos Oito Corretos Caminhos, o autor mostra como acelerar nosso processo de desenvolvimento e ascensão espiritual. Edição revista e ampliada.

As Leis De Messias – *Do Amor ao Amor*
IRH Press do Brasil

Okawa fala sobre temas fundamentais, como o amor de Deus, o que significa ter uma fé verdadeira e o que os seres humanos não podem perder de vista ao longo do treinamento de sua alma na Terra. Ele revela os segredos de Shambala, o centro espiritual da Terra, e por que devemos protegê-lo.

As Leis do Segredo
A Nova Visão de Mundo que Mudará Sua Vida
IRH Press do Brasil

Qual é a Verdade espiritual que permeia o universo? Que influências invisíveis aos olhos sofremos no dia a dia? Como podemos tornar nossa vida mais significativa? Abra sua mente para a visão de mundo apresentada neste livro e torne-se a pessoa que levará coragem e esperança aos outros aonde quer que você vá.